Michal Slezák

Sistema SCADA da Fábrica de Cimento - otimização do sistema de visualização

Michal Slezák

Sistema SCADA da Fábrica de Cimento - otimização do sistema de visualização

ScienciaScripts

Imprint
Any brand names and product names mentioned in this book are subject to trademark, brand or patent protection and are trademarks or registered trademarks of their respective holders. The use of brand names, product names, common names, trade names, product descriptions etc. even without a particular marking in this work is in no way to be construed to mean that such names may be regarded as unrestricted in respect of trademark and brand protection legislation and could thus be used by anyone.

Cover image: www.ingimage.com

This book is a translation from the original published under ISBN 978-3-659-82666-5.

Publisher:
Sciencia Scripts
is a trademark of
Dodo Books Indian Ocean Ltd. and OmniScriptum S.R.L publishing group

120 High Road, East Finchley, London, N2 9ED, United Kingdom
Str. Armeneasca 28/1, office 1, Chisinau MD-2012, Republic of Moldova, Europe
Printed at: see last page
ISBN: 978-620-4-21024-7

Conteúdo

Prólogo

O objetivo deste livro foi propor a otimização do sistema de visualização na fábrica de cimento Holcim (Eslováquia) a.s.. O Capítulo 1 centra-se no conhecimento teórico sobre o fabrico de cimento e na análise do estado atual do sistema de informação técnica e de controlo, bem como na descrição da interface operacional. Também descreve como o cimento é fabricado e todos os procedimentos que devem ser efectuados antes do fabrico do produto final. O capítulo 2 inclui várias propostas para melhorar a eficiência dos operadores na sala de controlo central, reduzindo o número de mensagens de erro, e contém propostas de alterações ao sistema SCADA, bem como alterações ao CCR. O capítulo 3 descreve o processo de implementação das inovações apresentadas. O Capítulo 4 apresenta os testes da solução final. O objetivo do capítulo 5 foi criar documentação para os operadores e avaliar os resultados do trabalho.

Palavras chave: Sistema SCADA, controlo, visualização, CCR, fábrica de cimento

"Aqueles que forem capazes de classificar a informação em correta e incorrecta, serão bem sucedidos na vida atual."

Autor

Introdução

O sistema de comunicação é uma das principais caraterísticas de qualquer empresa de sucesso. Sem a partilha de informações, não seríamos capazes de influenciar outras pessoas, de dar e receber ordens ou de tomar decisões corretas. É isso que nos permite ser os melhores do mundo entre os nossos rivais. Nas grandes empresas, como a Holcim (Slovakia) a.s., a interação entre pessoas e máquinas, bem como entre duas ou mais máquinas, é tão importante como a comunicação entre pessoas.

Um dos sistemas que se baseia na comunicação é o sistema SCADA (Supervisory Control and Data Acquisition). Este sistema ajuda-nos a obter dados operacionais e, subsequentemente, a apresentar os dados recebidos aos operadores, que podem assim controlar todas as máquinas. A fábrica de cimento é um local bastante perigoso, devido a um grande forno e a muitos trituradores, pelo que todas as máquinas têm de estar sob controlo. Todos os empregados têm de participar numa formação de segurança. Uma das regras mais rigorosas da empresa é "A segurança em primeiro lugar". Em caso de qualquer problema, os operadores podem ver exatamente onde ocorre o problema e podem reagir de acordo com a gravidade do mesmo. A maioria das máquinas pode ser controlada a partir da CCR (Sala de Controlo Central), o que torna a resolução de problemas mais confortável. Se o operador não for capaz de resolver o problema a partir da CCR, dá uma ordem para que o pessoal de manutenção o verifique.

A empresa Holcim (Eslováquia) a.s. é uma das maiores fábricas de cimento do mundo, com o equipamento técnico mais complexo. O slogan da empresa é: "Strenghts, Performance, Passion" (Força, Desempenho, Paixão) e tem um cuidado especial com a segurança nos postos de trabalho. A construção da fábrica de cimento em Rohoznik começou em 1971. Após cinco anos, a construção foi concluída e a fábrica foi inaugurada. A partir de 1 de janeiro de 2013, a Holcim (Eslováquia) a.s. e a VHS (Východoslovenské stavebné hmoty) assinaram um contrato e criaram a maior empresa de cimento da Eslováquia. A Holcim (Slovakia) a.s. é uma filial da empresa Holcim Ltd. Emprega quase 80.000 pessoas em mais de 70 países diferentes em todo o mundo e este número continua a crescer. A estrutura multiétnica dos trabalhadores é muito típica desta empresa. Para além das duas fábricas de cimento acima mencionadas (Turna nad Bodvou e Rohoznik), a Holcim (Eslováquia) a.s. tem 18 fábricas de betão localizadas em toda a Eslováquia, quatro cascalheiras, estações de mistura e laboratórios. No ano passado, a empresa incorporada vendeu 1,7 milhões de toneladas de cimento e clínquer, mais de 800 mil toneladas de pedra e mais de 300 mil metros cúbicos de misturas de betão.

Em média, mais de 770 pessoas trabalharam em duas fábricas situadas nos dois extremos da Eslováquia. Mais de metade das vendas do ano passado corresponderam a exportações para a Áustria, Hungria, Polónia e Rússia. Uma tonelada de cimento é produzida utilizando 19 quilogramas de combustíveis fósseis. Em comparação com o passado, dez anos antes, eram 100 quilogramas. A fábrica de cimento de Rohozník tem uma capacidade anual de um milhão e meio de toneladas de cimento. (Documentos internos, 2014)

1 Fabrico e análise

Neste capítulo apresento a história do cimento, o desenvolvimento do fabrico de cimento, os tipos básicos de cimento utilizados na Holcim (Eslováquia) a.s. e o processo de fabrico. Na segunda parte do presente capítulo, descrevo as novas caraterísticas da Holcim (Eslováquia) a.s. e os novos projectos para melhorar o fabrico de cimento. Na terceira parte, analisarei o estado atual do sistema SCADA, as questões das mensagens de erro, a codificação utilizada na fábrica de cimento para o reconhecimento dos dispositivos, o fluxograma, o sistema de informação e a sala de controlo central.

1.1 História do fabrico de cimento

O primeiro registo sobre a pedra artificial encontra-se numa mensagem de Plínio. Trata-se de uma mensagem sobre a coluna no Labirinto do Egito, 3600 anos a.C.[1]. Os romanos também conheciam o betão como material de construção. Utilizavam argamassa de cal com cinzas vulcânicas de pozolana[2]. Podemos encontrar ruínas de uma conduta de água, construída pelos romanos nos anos 80 do século XX. A conduta de água, com oitenta quilómetros de comprimento, abastecia Colónia com água da montanha Eifel. Com a queda do Império Romano, as pessoas perderam o conhecimento sobre o cimento e só em 1756, o engenheiro civil inglês John Smeaton foi pioneiro na utilização da cal hidráulica[3] quando reparou o farol de Eddystone, que se manteve em funcionamento até 1877, altura em que a rocha subjacente às fundações da estrutura começou a sofrer erosão. Foi reconstruído e atualmente é conhecido como a Torre de Smeaton. Descobriu a hidraulicidade da cal, o que levou à invenção do cimento Portland. (Hradsky, 1955)

1.1.1 Fundador do cimento Portland

Joseph Aspdin, que queimou cimento a partir da cal extraída no vale Lehigh em 1811, é considerado o fundador do cimento Portland (atualmente também conhecido como cimento cinzento). A composição química da cal forneceu diretamente a matéria-prima do cimento. J.Aspdin obteve a patente para o cimento Portland em 21 de outubro de 1824. (Hradsky, 1955)

[1] *BCE, Antes da Era Atual*
[2] *Um tipo de cinza vulcânica utilizada para argamassa ou para cimento que endurece debaixo de água*
[3] *uma forma de argamassa que endurece debaixo de água*

1.1.2 História do sistema SCADA

Um dos sistemas triviais na indústria do cimento pode ser encontrado em Labatlan, uma cidade na Hungria, que é quase vizinha da Eslováquia. O painel de operações foi concebido para uma parte da fábrica de cimento com opções muito limitadas. Todas as alterações eram acompanhadas de uma difícil manipulação e remodelação do painel atual. Em comparação com os painéis de operação modernos e a visualização por computador, podemos ver apenas a sinalização luminosa e muitos botões de ligar/desligar. Pode ver-se parte da sala de controlo central em Labatlan na *Figura 1: CCR em Labatlan.*

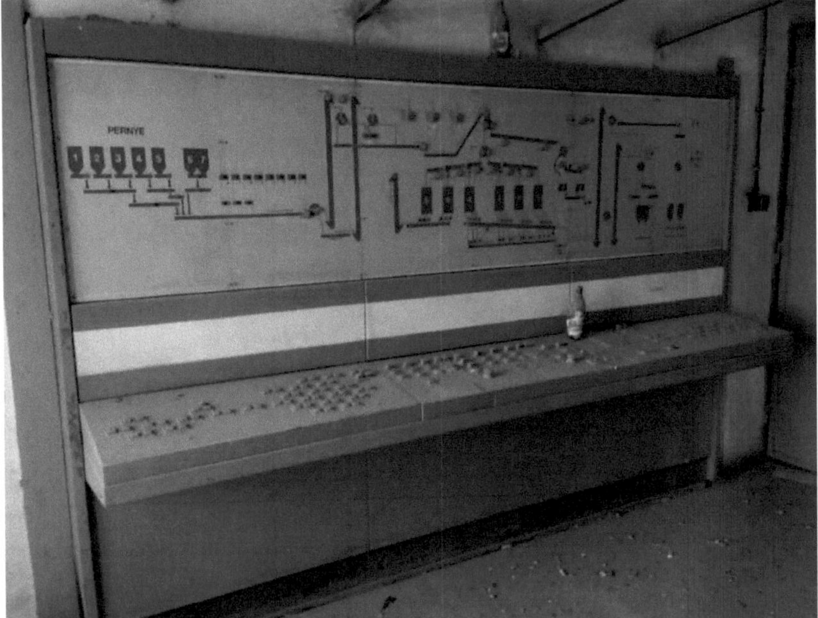

Figura 1: CCR em Labatlan (Documentos internos, 2014)

1.2 Processo de fabrico de cimento

O cimento é o material de construção mais utilizado, é um componente essencial de cada betão. O processo de fabrico do cimento divide-se em três fases:

- Processos mecânicos
- Processos térmicos
- Processos químicos

Todos os processos de fabrico de cimento são apresentados no fluxograma das figuras 2 e 3 (*Procedimento de fabrico de cimento, parte 1, e Procedimento de fabrico de cimento, parte 2*). A ação começa na pedreira de calcário (1). O calcário próximo da superfície tem um elevado teor de minerais como a sílica, o ferro e o óxido de alumínio. Mais a fundo, o calcário é mais puro, contendo menos destes minerais e mais carbonato de cálcio. A fábrica utiliza ambos os tipos de rocha em proporções especiais para produzir diferentes tipos de clínquer. Os trabalhadores fazem furos com uma sonda de perfuração na parede rochosa, onde colocam explosivos potentes. Por razões de segurança, os trabalhadores têm de estar localizados atrás da área que estão a explodir, a uma distância mínima de 50 metros. Após a explosão, as carregadoras entram em ação e transportam a rocha calcária para os camiões basculantes com capacidade para 50 toneladas. Os camiões transportam então a carga para o primeiro triturador (2), onde a carga é descarregada dos reboques. A rocha pode ser sobredimensionada e precisa de ser reduzida de um tamanho de 1,5 m para 30-100 mm. Nesta primeira etapa, as rochas são trituradas por um triturador de martelos até ao tamanho máximo de 100 milímetros. É também efectuada uma pulverização instantânea de água para evitar a emissão de poeiras. A partir daí, o transportador transporta (3) rochas para a sala de armazenamento, onde o triturador secundário as reduz ainda mais até 30 mm. As rochas com elevado teor de carbonato de cálcio e as rochas com baixo teor de carbonato de cálcio são trituradas separadamente. O passo seguinte é a mistura dos materiais. Na sala de armazenamento (4), existe uma máquina suspensa chamada tripper, que produz as proporções necessárias de materiais, a que se chama mistura em bruto. O calcário é misturado com a argila. Em seguida, o recuperador coloca a mistura em bruto numa máquina de moagem chamada moinho de rolos (5).

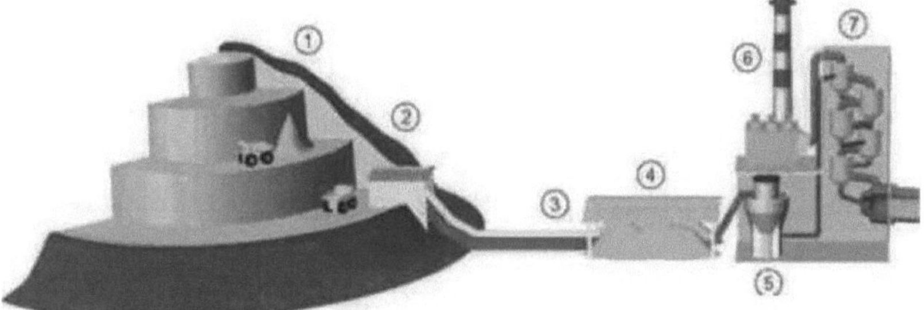

Figura 2: Procedimento de fabrico de cimento, parte 1 (Documentos internos, 2014)

Dependendo dos minerais que já se encontram naturalmente na rocha britada, a fábrica adiciona minerais extra, como o silício e o ferro. Alguns tipos de cimento requerem também óxido de alumínio. O rolo mistura e tritura os ingredientes uniformemente, produzindo um um pó de rocha seco chamado farinha crua. Agora, a farinha crua vai para um pré-aquecedor. A temperatura de entrada

temperatura de entrada do pó é de 90°C. Em 40 segundos, fica mais de 10 vezes mais quente. Isto inicia o processo de ligação dos minerais e, devido à alta temperatura, estes são posteriormente hidratados com água. O pré-aquecedor (7) está equipado com calcinação rápida. A farinha crua é pré-aquecida antes de entrar no forno rotativo em permutadores de calor

trocadores de calor, o que melhora a eficiência energética do forno. Em cerca de cinco segundos, remove

remove 95% do dióxido de carbono no pó através de uma reação química.

Isso isola a cal, que é o elemento mais importante do cimento. A partir daí, o pó

pó passa para um forno rotativo (8). Este enorme forno cilíndrico é colocado num ângulo

ângulo, de modo a que o pó se desloque de cima para baixo a uma distância de 40 a

150 metros, consoante o comprimento do forno. O forno roda a cerca de 2 - 4 rpm para garantir que o material se desloque à velocidade correta. A chama de gás dos queimadores no

inferior atinge uma temperatura abrasadora de 1600 a 1700°C. Quando o pó atinge os 1500°C, forma

o pó forma pequenos pedaços chamados clínquer. O saco resistente a altas temperaturas (6) é a última

última etapa do processo de produção de clínquer. Diminui a quantidade de pó no forno.

Quando o clínquer sai do forno (9), grandes ventiladores arrefecem-no entre 20 e 100°C. É

É importante arrefecer o clínquer rapidamente para obter um cimento de qualidade. A partir daí, o clínquer vai para a área de armazenamento. A última fase do fabrico do cimento é designada por acabamento moagem. Ao clínquer é adicionado um pouco de gesso e outras substâncias. A quantidade exacta varia consoante o tipo de cimento. O gesso retarda o tempo de presa do cimento, de modo que este pode ser trabalhado durante duas horas antes de endurecer. Os moinhos de cimento são chamados moinhos de bolas, porque contêm bolas de metal, cerca de 150 toneladas no maior moinho. Existem vários tipos de moinhos de cimento. Os mais comuns são os moinhos de bolas. À medida que o moinho roda, as bolas trituram e moem o clínquer e o gesso até obterem um pó final, o cimento. O processo de fabrico está no fim. O cimento é armazenado em silos (10) e fica à espera do seu proprietário. O cimento está pronto para ser carregado e transportado para o destino final para ser utilizado como material de construção em betão. (Documentos internos, 2014)

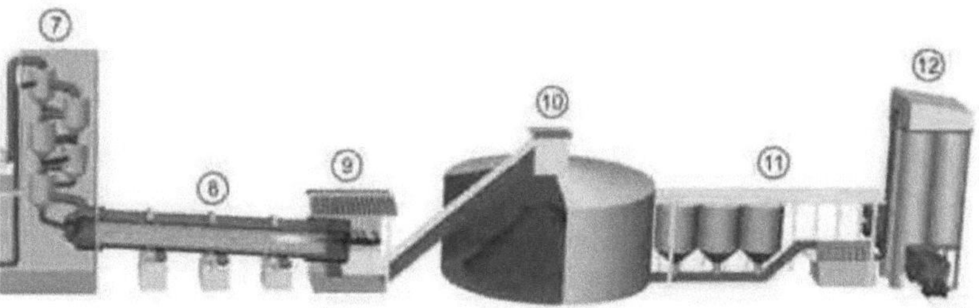

Figura 3: Procedimento de fabrico de cimento, parte 2 (Documentos internos, 2014)

1.2.1 Tipos básicos de cimento

Em função do tipo de utilização, distinguimos muitas variações de cimento. Para além do cimento Portland ordinário (cimento cinzento), reconhecemos uma série de tipos diferentes de cimento. Cada um deles tem múltiplas especificações técnicas como o tempo de presa, a resistência à compressão, a solidez ou as especificações químicas.

Tipos de cimento:

O cimento Portland normal (OPC) é o tipo de cimento mais utilizado

O Cimento Resistente aos Sulfatos é recomendado para locais onde o cimento está em contacto com o solo, águas subterrâneas, exposto à costa e à água do mar.

Cimento de endurecimento rápido ou cimento de alta resistência inicial - a resistência de um dia deste cimento é igual à resistência de três dias do OPC. É geralmente utilizado para a construção de pavimentos rodoviários, onde é importante abrir rapidamente a estrada ao tráfego

O Quick Setting Cement pode ser utilizado em qualquer sítio onde seja necessário um endurecimento rápido, uma vez que endurece em aproximadamente 10 minutos. As suas propriedades únicas permitem ao utilizador esculpir o material à medida que este começa a endurecer. É utilizado para reparar: tubos de betão, pavimentos, lancis, etc.

O cimento branco é utilizado para betão decorativo e arquitetónico e em zonas próximas do equador (Alsop, Chen, Tseng, 2007)

1.2.2 Cimento Portland (cinzento)

O cimento Portland é um aglutinante em pó, obtido a partir de um material macio e homogéneo com especificações químicas específicas. É o ingrediente básico do betão. O betão é formado com cimento Portland e cria uma pasta com água que se liga à areia e à rocha para endurecer. Na primeira parte do processo tecnológico, as matérias-primas são extraídas, trituradas e misturadas na proporção exacta. Na segunda parte, os materiais estão prontos para serem queimados num forno de cimento até se transformarem em clínquer fluido. Na terceira parte, o clínquer maduro é misturado com aditivos, formando uma pasta mole - o cimento. (Alsop, Chen, Tseng, 2007)

1.2.3 Cimento branco

Em casos especiais, as pessoas estão mais interessadas no aspeto do produto final e querem ver uma qualidade perfeita. Esta é a razão pela qual o cimento branco é produzido. Tem melhores qualidades do que o cimento Portland clássico (cinzento) e abre novas oportunidades de utilização na arquitetura atual, no design de interiores e exteriores. Proporciona:

- Cores saturadas e texturas suaves,
- A maior qualidade e longa durabilidade,
- Excelente utilidade e aspeto inigualável,
- Harmonia decorativa e utilização múltipla. (Alsop, Chen, Tseng, 2007)

O cimento branco é produzido apenas na Eslováquia, na Europa Central, e não necessita de quase nenhuma manutenção. O cimento branco foi utilizado, por exemplo, em: Parque cultural Kosice, casa multifuncional Elesko em Modra ou numa vivenda em Zilina. Pode ser fornecido como rápido ou lento, dependendo da aplicação. *O quadro 1* mostra a comparação entre o cimento rápido e o lento, especialmente a diferença entre os valores do tempo de presa. (Holcim a.s., 2015)

Quadro 1: Cimento branco - rápido e lento (Holcim a.s., 2015)

Tempo de definição	**Unidade**	**Rápido**	**Lento**	**Estado**
Inicial	Min.	**117**	**178**	> 60 Min.
Final	Min.	**140**	**220**	
Compressão				
Em ²dias	N/mm²	36	34	> 20,0 N/mm²
Em 28 dias	N/mm²	59	59	> 52,2 N/mm²

1.2.4 Novas funcionalidades e tendências

Com o passar do tempo, o fabrico de cimento foi melhorado através de alterações técnicas, mas o núcleo do processo permanece o mesmo. Hoje em dia, tentamos utilizar mais combustíveis alternativos, procedimentos eco-eficientes e poupar energia com a mesma qualidade e quantidade de fabrico.

1.2.5 Projeto ReduDust

A utilização de combustíveis alternativos produz mais cloro durante o processo, o que não é benéfico para o clínquer. A nova tecnologia utiliza pó de bypass para reduzir o cloro, o que traz muito mais vantagens. O projeto foi desenvolvido para desencadear a produção de sal industrial, que pode ser utilizado como adubo, e também para eliminar o cloro que provoca a corrosão do betão armado. Outra vantagem é a proteção ambiental, que está relacionada com uma melhor utilização de combustíveis alternativos. A fábrica Holcim (Eslováquia) a.s. investiu cerca de 10 milhões de euros para realizar este projeto, que pode ser aplicado em qualquer fábrica de cimento do mundo. Ao utilizar as vantagens do ReduDust, seremos capazes de aumentar a quantidade de combustíveis alternativos com base nos resíduos durante a produção de cimento. É capaz de eliminar efetivamente o aumento da quantidade de cloro que chega ao processo principalmente através de combustíveis alternativos. As instalações do processo ReduDust eliminam mais de 90% do teor de cloro das poeiras de derivação. O "pó de bypass lavado" pode ser totalmente devolvido à fábrica de produção de clínquer. O produto desta limpeza será também sal limpo, que está disponível para várias aplicações, especialmente na produção de fertilizantes. Em 2010, a Holcim (Eslováquia) a.s. processou mais de cento e vinte mil toneladas de resíduos, o que equivale a uma poupança de 80 mil toneladas de carvão e aproximadamente 115 mil toneladas de emissões de CO_2. (A TEC, 2012)

1.2.6 Central eléctrica

Nos últimos anos, a fábrica de cimento Holcim (Eslováquia) a.s. fez um investimento fundamental de 19 milhões de euros e construiu a sua própria central eléctrica para produzir eletricidade a partir do calor libertado após o arrefecimento dos gases de combustão e do clínquer. Diretamente em Rohoznik está localizada a sua própria central eléctrica, que utiliza a energia térmica dos resíduos. A quantidade de energia produzida é de cerca de 20 GWh por ano. Representa aproximadamente o consumo de uma fábrica de cimento ou o consumo anual de 5000 agregados familiares, com 3 ou 4 pessoas em casa na Eslováquia. Este investimento em equivale a uma poupança de 4000 toneladas de emissões de CO_2. (Documentos internos, 2011)

1.3 Sistema SCADA

SCADA significa Supervisory Control and Data Acquisition (controlo de supervisão e aquisição de dados). Situa-se no nível de supervisão no modelo piramidal do sistema de informação e controlo *(Figura 4: Modelo piramidal do sistema de informação e controlo)*. Permite-nos verificar e controlar os processos em grandes áreas e recolher os dados em tempo real. A parte mais importante é a aquisição de dados: os dados são recebidos das máquinas e apresentados aos operadores, que podem reagir e controlar adequadamente as máquinas *(a descrição detalhada dos dados de transferência é apresentada na secção 1.4 Fluxograma)*. Permite a um utilizador recolher dados de uma ou mais instalações distantes e enviar instruções de controlo a essas instalações. Para os operadores, não há necessidade de permanecer ou visitar frequentemente locais remotos quando essas instalações remotas estão a funcionar normalmente. Permite efetuar alterações de um ponto de regulação em controladores de processos distantes, abrir ou fechar válvulas ou interruptores, monitorizar alarmes e recolher informações de medição. No centro, encontra-se um operador, que acede ao sistema através de uma interface de operador, designada por consola de operação. (AT&P Journal, 2015)

Todo o sistema SCADA é composto por várias partes: sistemas de entrada/saída de hardware, reguladores, redes, interface homem-máquina, dispositivos de comunicação e software. É um sistema central que monitoriza os dados de diferentes sensores, que podem estar numa área próxima ou numa área ampla (1-2 quilómetros). O SCADA tem uma base de dados de etiquetas. Cada etiqueta pode ser de hardware ou de software. As etiquetas de hardware representam a entrada ou saída de corrente e as etiquetas de software representam o resultado de operações lógicas e matemáticas, que são aplicadas a outras etiquetas de hardware ou software. As informações sobre os estados de alarme também são guardadas nas etiquetas. O SCADA não é uma tecnologia especial. É um tipo de aplicação que contém duas partes. A primeira parte é o sistema ou a máquina que queremos monitorizar e controlar - é a fábrica de cimento - e a segunda parte é a rede de dispositivos inteligentes, que estão ligados aos primeiros sistemas através de sensores e entradas de controlo. Esta parte permite-nos medir e controlar valores específicos dos sistemas mencionados na primeira parte. O sistema atual (2014) utilizado na fábrica de cimento é o Iltis, um software desenvolvido por uma empresa suíça.

Figura 4: Modelo em pirâmide do sistema de informação e controlo (Real-Time I.T.S., 2014)

1.3.1 ILTIS-PCS

O ILTIS-PCS é um sistema de controlo de processos e uma ferramenta de planeamento. Combina as vantagens de um sistema de controlo eficiente e descentralizado com as de uma ferramenta de planeamento orientada para objectos e extremamente rápida. A estrutura do ILTIS representa um sistema aberto. Isto permite a integração de diferentes componentes: controladores lógicos programáveis, sistemas de bus de campo, pinças inteligentes e sistemas de gestão da produção. A ligação a sistemas informáticos já existentes ou a software externo é efectuada através de interfaces Windows normalizadas. Através de ODBC/SQL é possível transferir dados de processo para qualquer base de dados. O servidor e o cliente OPC colocam à disposição interfaces padronizadas orientadas para o sinal para controlos e outros programas para processamento posterior. O ILTIS tem uma estrutura de sistema orientada para objectos.

O sistema operativo suportado pelo ILTIS é o Microsoft Windows. O ILTIS utiliza um sistema multi-utilizador e multi-tarefa, estações operacionais separadas, estrutura informática redundante, concepções cliente-servidor para LANs e intranet ou internet. A escala do sistema é de 500 a mais de 100.000 sinais virtuais por sistema. Para instalações de grande dimensão, o ILTIS deve ser configurado como sistema de controlo distribuído. O número de imagens por sistema é limitado apenas pela capacidade do disco, o número de relatórios ou registos por sistema é de 50. O tempo de atualização das imagens é inferior a 1 segundo, dependendo do hardware, o número de postos de trabalho é limitado também apenas por restrições de hardware. As funções abertas para os utilizadores são a linguagem de programação ILTIS (IPL), que traz conceitos específicos de funcionamento e visualização semelhantes ao Visual Basic, interfaces Microsoft OPC normalizadas e ODBS/SQL. Contém um contentor ActiveX para módulos de visualização externos. O sistema é capaz de comunicar com todos os tipos comuns de controladores lógicos programáveis, de transferir dados em linha do ILTIS-PCS para aplicações Windows que funcionam com DDE (dynamic data Exchange), por exemplo: Excel ou Access e há também suporte para servidor OPC e cliente OPC. As DLL (dynamic link library) incluem funções para o acesso aos dados a partir de pacotes de software externos, por exemplo: VisualBasic ou Access ao ILTIS-PCS. (Iltis, 2011)

Para uma análise mais detalhada, podemos ver uma parte da produção, o elemento mais importante do fabrico de cimento, a produção de clínquer, no sistema ILTIS na *Figura 5: ILTIS, vista da produção de clínquer, forno rotativo*. É apenas uma parte de todo o sistema, e recordo que esta responsabilidade cabe principalmente a dois operadores, um para a produção de cimento branco e outro para a produção de cimento cinzento, para que este sistema esteja sob controlo. Para que tal seja possível, é necessário ser alertado, caso algo corra mal. Podemos ver que os dispositivos estão marcados com o código HAC, cada carácter representa a posição da máquina, a sequência, a localização ou um valor específico (*saberemos mais na secção 1.5.1 Marcação HAC das máquinas*).

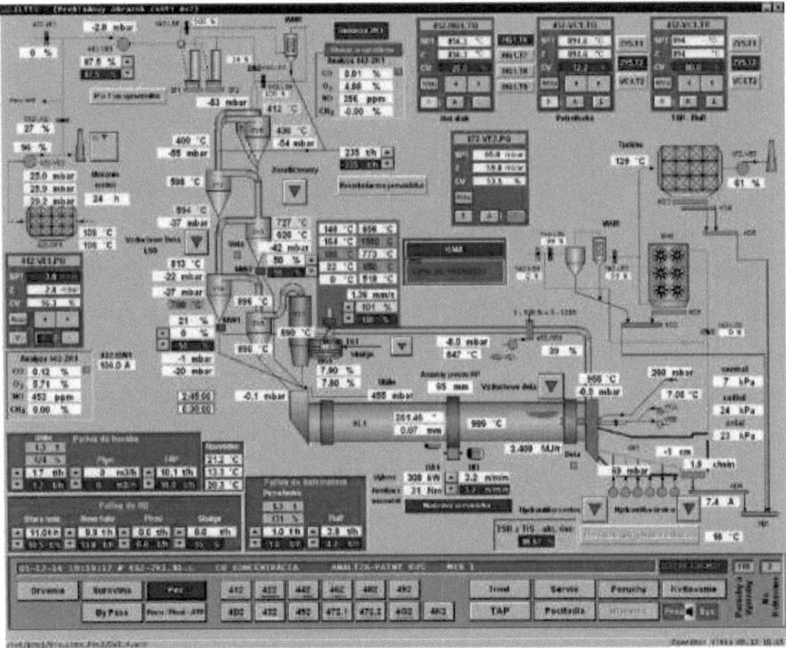

Figura 5: ILTIS, vista da produção de clínquer, forno rotativo (Documentos internos, 2014)

A principal razão para mudar o sistema ILTIS para o CEMAT é o facto de o segundo sistema mencionado estar orientado especialmente para o fabrico de cimento. Outro argumento é uma ordem de uma empresa global, que leva à substituição de todos os sistemas para CEMAT nas suas fábricas de cimento. Pode ser útil, uma vez que as fábricas estão bem sincronizadas, os controladores das fábricas não terão qualquer problema em mudar o seu posto de trabalho e ajudar noutras fábricas de cimento no estrangeiro. A última razão é a compatibilidade. Todos os dispositivos serão fornecidos pelo maior fornecedor de automação do mundo - a Siemens. Inclui todos os PLCs da fábrica, que serão programados em STEP7, servidor OPC e também o sistema SCADA CEMAT. A mudança para o sistema SCADA tem mais aspectos positivos do que negativos. Como aspectos negativos, podemos referir as despesas financeiras e a necessidade de implementação e testes, o que pode abrandar temporariamente a produção.

<u>Complicações:</u>

- O software não é especializado para fábricas de cimento
- O software está obsolete

1.4 Fluxograma

Até os dados serem visualizados pelos operadores, têm de percorrer um longo caminho até à sala de controlo central (CCR). A aquisição de dados começa nos sensores que medem um determinado valor e produzem um sinal em . Estes dispositivos estão espalhados por toda a fábrica de cimento, o que se designa por Nível de Campo (Exterior). O sinal pode ser digital ou analógico, independentemente do valor medido. Por exemplo, quando o motor arranca, recebemos um sinal do sensor que indica que o motor arrancou. O sinal do sensor é transferido para as caixas de E/S, que recebem sinais analógicos ou digitais e estão mutuamente ligadas por uma ligação em série. Em seguida, o sinal é transferido por cabos metálicos para o OLM (Optical Link Module), o sinal é transformado em ótico e a partir daí o sinal vai para o conversor OLM interno. Os OLM's estão ligados em topologia de anel. A partir deste ponto, transferimos os nossos dados para o PLC via Profibus. Agora já estamos na sala do servidor (interior). O OLM pode ser ignorado, quando utilizamos o RIO da ABB. O sinal é então transferido dos dispositivos diretamente para os PLCs. Os PLCs estão interligados via MPI (Multi-Point Interface). De todos os PLCs, o sinal é transferido para um switch via Ethernet e distribuído para os servidores SCADA e para a estação de engenharia. Outro switch serve para a ligação com o Siemens RACK PC, que é o cliente, que fornece os dados para os utilizadores finais. A informação pode então ser utilizada pelos operadores. O último interrutor mencionado está ligado ao servidor OPC e também está ligado à rede de TI. Em seguida, podemos utilizar o sistema de informação técnica (TIS) para recolher e guardar dados. No topo do fluxograma está o sistema SAP (Systems, Applications and Products), que fornece dados especialmente para os funcionários da direção. O fluxograma é apresentado na *Figura 6: Fluxograma.*

<u>Complicações:</u>

- Compatibilidade dos PLCs da ABB e da Siemens

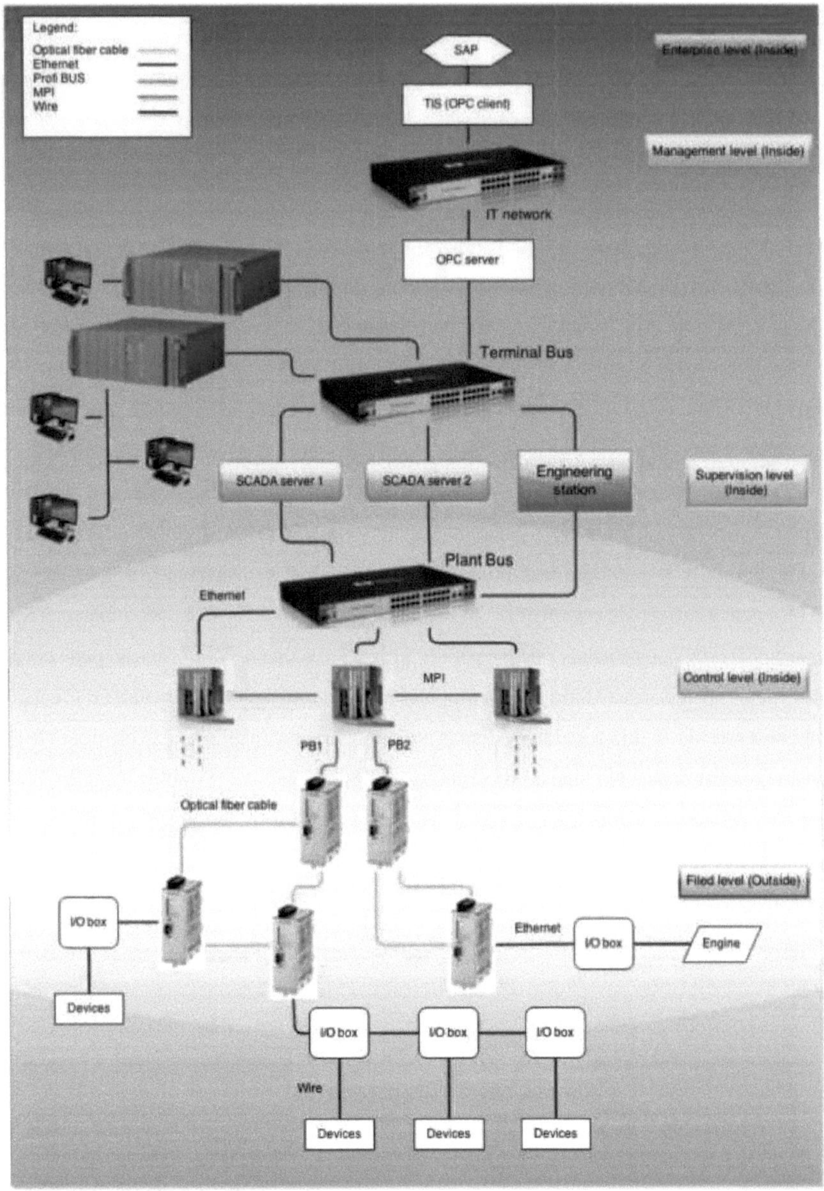

Figura 6: Fluxograma

1.4.1 Sensores e actuadores

O sensor é um dispositivo que detecta e transforma uma unidade de medida (física, química ou biológica) num sinal elétrico analógico ou digital. Enquanto o forno é o coração da produção de cimento, é a automação que representa o cérebro e os sentidos. Para o conseguir, é necessário cumprir determinadas condições prévias:

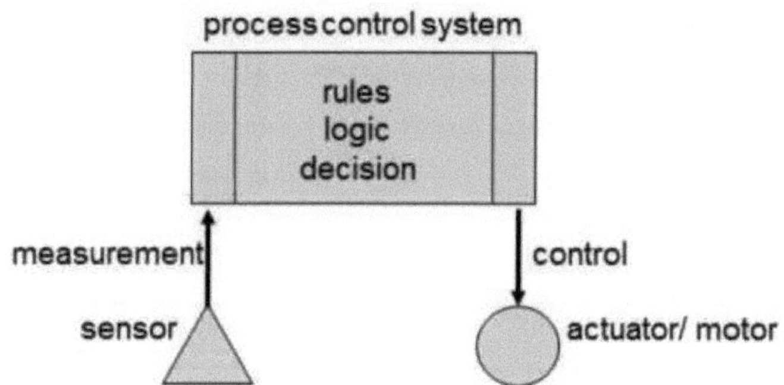

Figura 7: Sistema de controlo do processo (Documentos internos, 2014)

Os sensores captam dados de campo e convertem-nos num sinal elétrico que pode ser posteriormente processado. Os actuadores transformam a energia eléctrica noutra forma de energia, por exemplo: movimento, rotação, calor ou som. Os actuadores podem ser utilizados para uma ação de ligar e desligar ou para uma ação de circuito fechado, por exemplo: para mover um portão numa posição. Diferentes tipos de unidades de medida requerem diferentes sensores. Dependendo da função, os sensores podem ser activos ou passivos. De acordo com a unidade de entrada, reconhecemos: sensores eléctricos, magnéticos, mecânicos, térmicos, ópticos, acústicos ou químicos. Os sensores também podem ser divididos por proximidade com o objeto em sem contacto ou com contacto. O tipo de sinal de saída pode ser analógico ou digital. Os tipos de sensores devido à medição do objeto podem ser: sensores de calor, químicos, de pressão, de luz, magnéticos ou especiais. Os sensores mais utilizados são os indutivos, captativos, ultra-sónicos, fotoeléctricos, sensores de calor com ou sem contacto, sensores de pressão e interruptores de proximidade. (Documentos internos, 2014)

Em locais especiais como o forno rotativo, que deve estar sempre sob controlo com elevada eficácia, temos uma das câmaras de vídeo à prova de calor e resistente ao calor localizada diretamente no forno rotativo. O objetivo da câmara é revelar o potencial encravamento do clínquer no forno, se for o caso, receberemos uma mensagem a relatar o erro e um operador pode verificar na câmara de vídeo se é grave ou se é apenas um problema temporário.

Quando olhamos mais de perto para a correia transportadora abaixo na *Figura 8: Correia transportadora*, podemos encontrar estes sensores e actuadores: um dos actuadores é o motor, que move a correia transportadora. O interrutor do cabo de tração é utilizado para o funcionamento da paragem de emergência do cabo de tração ao longo da correia transportadora. A função é desligar o tapete rolante, quando o cabo de tração é puxado em qualquer direção ou o cabo de tração se parte. Trata-se de uma medida de segurança, em caso de movimento não forçado, por exemplo: quando alguém tenta colocar a mão na correia transportadora. Os interruptores de desvio da correia são utilizados para verificar e proteger as correias transportadoras contra danos ou destruição. São colocados aos pares em ambos os lados da correia transportadora. O desvio inadmissível da correia ocorre quando a extremidade da correia se aproxima da extremidade dos rolos de suporte através de um movimento lateral e a ultrapassa. Então, o atuador, a alavanca do rolo é acionada e deslocada. Em caso de deslocação do atuador, os interruptores de funcionamento são activados. Logo que a correia se mova corretamente, a alavanca do rolo regressa automaticamente à sua posição inicial. Esta situação pode ocorrer, por exemplo, quando a correia transportadora está com excesso de peso. A deteção da velocidade controla a velocidade da correia transportadora. Todas as instalações devem funcionar corretamente, caso contrário, o operador será alertado. (Documentos internos, 2014)

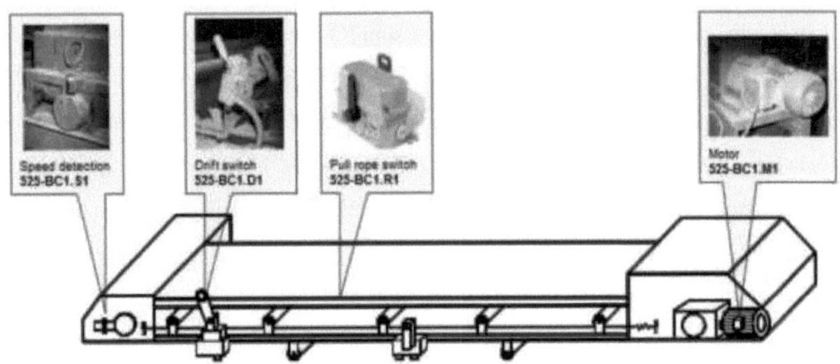

Figura 8: Tapete rolante (Documentos internos, 2014)

Complicações:

- Os dispositivos problemáticos serão subcobertos após a análise do relatório na secção *1.6 Análise das mensagens de erro*

1.4.2 PLCs

O Controlador Lógico Programável é definido pela Associação de Fabricantes de Equipamento Elétrico e de Imagiologia Médica como um dispositivo eletrónico digital com uma memória programável para armazenar instruções que executam funções específicas, tais como lógica, sequência, temporização, contagem e aritmética, para controlar uma máquina industrial ou um processo de acordo com a indústria pretendida. O PLC é capaz de efetuar um processo contínuo de acordo com as variáveis de entrada e fornece as decisões de programação. (PLC, 2015) Os PLC mais utilizados no mundo e também na nossa empresa são o Siemens e o Allen Bradley. A

Allen Bradley faz parte da Rockwell automation desde 1985. Podemos dividir os autómatos em várias categorias. Depende da sua construção: Compacto, Modular, Soft PLC ou com painel de operação integrado. Em função do tamanho, distinguimos: micro, pequeno, médio ou grande e o número de processadores pode ser: um processador ou multiprocessador. (Strémy, 2011) A informação mais importante nesta classificação é o número de entradas e saídas. Utilizamos os sistemas Siemens SIMATIC S7-300 e S7-400.

A principal vantagem dos PLCs da Siemens é a taxa de transmissão, que pode atingir os 12MB/s. A taxa de transmissão da Allen Bradley é de apenas 1,5 MB/s. A vantagem da ABB é o RIO, o que significa que não é necessário utilizar o OLM (Optical Link Module) durante a transferência de informações das caixas de E/S para o PLC e que o comprimento das cablagens pode atingir os 3 quilómetros.

Siemens SIMATIC S7-300

Este PLC é um sistema modular, que nos permite ligar centenas de E/S dependendo da CPU. Os CPUs estão disponíveis a partir de uma largura de apenas 40mm e contêm funções de sistema incorporadas. O SIMATIC S7-300 é o controlador mais vendido. Graças à sua elevada velocidade de processamento, os CPUs permitem tempos de ciclo de máquina curtos. O S7-300 pode ser montado numa configuração modular sem a necessidade de regras de ranhura para módulos de E/S. As interfaces PROFINET permitem uma ligação em rede simples dos controladores e uma troca de dados simples com o nível de gestão de operações. A capacidade de integrar CPUs potentes com interface Industrial Ethernet/PROFINET, funções tecnológicas integradas ou designs à prova de falhas torna desnecessários investimentos adicionais. O S7-300 pode ser expandido utilizando unidades de expansão até 32 módulos. O S7-300F, onde "F" significa failsafe, permite a comunicação em PROFIBUS entre a CPU e os sistemas I/O distribuídos através do canal de comunicação orientado para a segurança PROFIsafe. Não é necessário utilizar uma ligação de comunicação de segurança independente. (Strémy, 2011)

Complicações:

- A utilização de PLCs ABB e Siemens causa problemas desnecessários nas definições e na compatibilidade

1.5 TIS - Sistema de Informação Técnica

Este sistema foi desenvolvido para a recolha de informação e apresentação de resultados. Baseia-se numa base de dados Oracle e, na empresa Holcim (Slovakia) a.s., foi concebido para selecionar apenas algumas informações necessárias. É importante principalmente para a filtragem, porque se não fosse capaz de selecionar informação, receberia e apresentaria mais de 20.000 sinais. O TIS tem várias subcategorias e, para nós, a mais importante seria a categoria Estatística de eventos. É importante para a nossa análise, uma vez que nos mostra o número de mensagens de erro, a descrição exacta do que correu mal, a hora a que ocorreu e o local onde tudo aconteceu. Este software é gerido por uma pessoa autorizada e utilizado principalmente pelos funcionários da direção. Contém todos os dados essenciais recebidos dos serviços e permite uma ampla filtragem das informações. Para poder trabalhar com o TIS, existe uma caraterística fundamental, que é a compreensão da codificação HAC. Cada máquina e cada dispositivo têm o seu próprio código para uma identificação clara.

Complicações:

- Os códigos HAC no TIS não são descodificados
- Falta de descrição de alguns eventos
- Motivo do evento em falta para alguns eventos

1.5.1 HAC - marcação de máquinas

O código de activos Holcime é o sistema de codificação padrão da fábrica de cimento e a base para todos os sistemas de gestão de activos como o SAP (sistemas, aplicações e produtos). Para compreender as mensagens de erro, temos de saber como todas as máquinas estão marcadas e o que significam. O objetivo de um sistema de gestão de activos é permitir o acompanhamento e a otimização dos custos de investimento, exploração e manutenção desses activos. Além disso, permite tomar decisões com base em taxas de depreciação económicas corretamente calculadas e no valor contabilístico dos respectivos activos. O HAC identifica o tipo de ativo e a sua localização na fábrica. Cobre também as múltiplas necessidades tanto do projeto como da fase de operação.

O HAC é composto por um código alfanumérico de seis dígitos que pode ser completado por dígitos individuais adicionais. Na maioria dos casos, os dispositivos utilizam 9 ou 11 caracteres. Para a separação das categorias, utilizam-se os delimitadores "-", "." e ":". A etiqueta HAC na localização física do bem na fábrica deve, portanto, ser colocada na parte fixa. Em primeiro lugar, pode ser colocado o código da fábrica representado por números romanos, por exemplo: I para a fábrica de Rohoznik, II para a fábrica de Turna nad Bodvou. A estrutura do código de activos da Holcim é apresentada na *Figura 9: O sistema de gestão de activos*

Estrutura do Código de Activos da Holcim - HAC

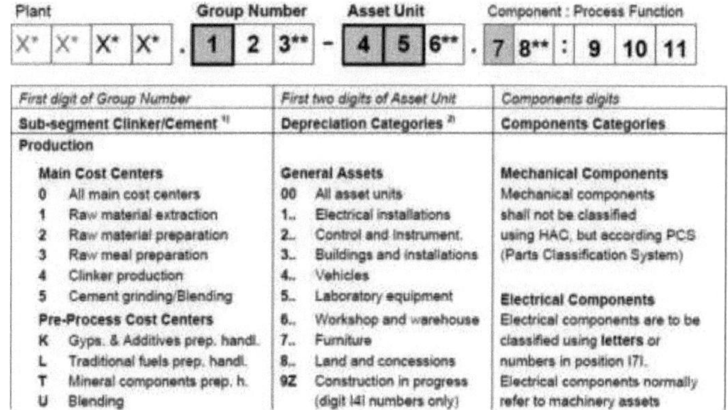

Figura 9: O sistema de gestão de activos (Documentos internos, 2011)

1.5.2 Identificação de HAC

Número do grupo " 1 2 3 - "

Três caracteres no número do grupo representam o local, onde se encontra o dispositivo ou a máquina, especificamente o primeiro carácter representa a localização, por exemplo: pedreira, preparação de matérias-primas, produção de clínquer, o segundo carácter descreve a função neste local, como a extração de calcário ou o transporte de calcário na sala de produção. O terceiro carácter representa a sequência na ligação de produção, que pode ser uma ligação de produção de cimento cinzento ou branco: 1 = OPC1, 2 = OPC2 ou 3 = cimento branco.

Por exemplo, o grupo "364-

3 = Centro de custo principal = Preparação de refeições cruas

36 = Grupo técnico= Moagem de farinha crua

364 = Sequência # 4 = Linha de produção #4

A Unidade de Ativo " 4 5 6 . "

Em relação às três letras seguintes, distinguimos o tipo de equipamento, o primeiro carácter descreve a categoria do dispositivo, o segundo sinal determina exatamente o tipo e o terceiro sinal numérico aponta para a localização exacta da máquina.

Por exemplo: Equipamento "BE3".

B = Categoria do ativo = Máquinas (apenas letras)

BE = Unidade de activos = Elevador de alcatruzes

BE3 = Sequência # 3 = Elevador de balde #3

Componente " 7 8 : "

Os componentes estão divididos em 3 categorias: Peças mecânicas 0-7, Blocos de construção 8-9 e Componentes eléctricos e sinais A-Z. Para evitar a confusão do número "0" com a letra "O", a letra "O" não deve ser utilizada. As mais utilizadas são "B" que significa Botão, "S" como Velocidade ou "T" como Temperatura.

Por exemplo: "A1"

A = Parte eléctrica = Dispositivo auxiliar, binário

A1 = Sequência n.º 1 = Dispositivo na primeira posição

Função de processo " 9 10 11"

A função (também designada por nome do sinal ou etiqueta) descreve as caraterísticas e o estado dos dispositivos. Na maioria dos casos, são marcados com letras. As etiquetas são utilizadas para distinguir a informação fornecida pelos componentes eléctricos e para identificar os dispositivos físicos ou virtuais

E/S e para alarmes no sistema de controlo de processos e para comunicação com o TIS

Por exemplo: "RUN" "W" "N"

CORRER = O grupo está a funcionar em pleno

W = Aviso

N = Mínimo

As letras "X" e "Y" têm múltiplos significados especiais.
"X" significa: Avançar, Entrar, Subir, Abrir, Direita, Sobre, Norte, Leste e 1;
"Y" significa: Inverter, Fora, Abaixo, Fechar, Esquerda, Fora, Sul, Oeste e 2.
Complicações:

- Os códigos HAC são difíceis
- As abreviaturas dos códigos estão em língua alemã

1.6 Análise de relatórios de erros

Uma vez que aprendemos algo sobre a codificação de máquinas e dispositivos, podemos proceder à análise dos relatórios de erros. Recolhemos informações do sistema de informação técnica sobre os problemas mais frequentes, que foram apresentados aos operadores. Por razões de segurança, a ligação à intranet está protegida, pelo que tivemos de utilizar o cliente VPN da Cisco e importar o ficheiro de configuração do perfil para aceder ao TIS a partir de casa.

1.6.1 Descrição do TIS - Event Statstic

As funções do sistema de informação técnica permitem-nos apresentar dados num período de tempo específico. A função Estatísticas de eventos permite apresentar estes dados aos utilizadores com direitos concedidos. Desta forma, podemos receber dados e trabalhar com eles. Os filtros ajudar-nos-ão a ordenar os dados por categoria selecionada, o que será útil para determinar a gravidade e descodificar o HAC. Na *Figura 10* seguinte*: Estatísticas de eventos*, podemos ver parte dos dados recebidos do TIS, que são de seguida processados no Microsoft Excel. No canto superior esquerdo, podemos ver o número de registos, 50 registos que pretendemos apresentar. Na primeira coluna está a **bandeira**, que significa a gravidade do relatório. Pode ser apresentado como " % " que significa OK, " # " significa Atenção, " ! " representa uma mensagem de Falha, " @ " significa Diagnóstico ou " $ " o que significa Estado. Os novos códigos utilizam também

"*" ou "sem sinal" consoante o sinal de entrada ou de saída. A coluna seguinte é o **Nome**, onde está escrito todo o código HAC. A terceira coluna é uma breve **descrição** do HAC "flügelklappe - butterfly damper - uzatváracia klapka". **A propriedade do evento** mostra-nos que tipo de falha ocorreu "não fechou - nezatvorila". **A razão do evento** deveria mostrar-nos porque é que aconteceu, mas na maioria dos casos podemos ver que não nos mostra nada. **O número de eventos no intervalo** mostra o número de vezes que esta falha ocorreu num determinado período de tempo. **Número de eventos desde a reposição** mostra a contagem de falhas desde a última data de reposição. A última coluna, com o nome **Data de reposição,** dá-nos informações sobre quando é que este tipo de falha foi reposto da última vez.

Records found: 50

Flag	Name	Description	Event property	Event reason	Number of events in interval	Number of events since reset	Reset date
!	4A2-FK6.Y1.F	UZATVÁRACIA KLAPKA	NEZATVORILA		228090	891356	24.03.2007 10:08:02
#	4A2-GF1.P1.H	OVLÁDACÍ VZDUCH	MAX 1		45413	191099	30.03.2007 15:22:03
#	493-WA1.QZ1.ERR	MNOZSTVO SLINKU	SNÍMAC PORUCHA		33519	39105	24.02.2006 10:17:02
!	53F-FB2.RJA.F	ZAVÁZACÍ PÁS	LANKÁC ZATIAHNUTÝ		25276	25302	14.01.2002 11:32:13

Figura 10: Estatísticas de eventos

Por exemplo: no primeiro relatório, na *Figura 10, a estatística de eventos* é descrita como:
Flag= ! esta mensagem representa uma mensagem de falha, algo correu mal
Nome = 4A2-FK6.Y1.F, pode ser descodificado como
4A2 = **produção de clínquer, derivação do forno,** produção de **OPC 2**
FK6 = flügelklappe ou em inglês **butterfly damper, sexto** amortecedor de **borboleta**
Y1 = **fechar, sequência #1**
F = **fracasso**
Descrição = **borboleta amortecedora**
Propriedade do evento = **não fechou**
Motivo do evento = desconhecido
Número de eventos no intervalo = **228090**
Número de eventos desde a reposição = **891356**

Data de reposição = 24.3.2007 10:08:02

Agora podemos ver todas as informações, este é apenas um tipo de relatório de erros, a informação mais necessária para nós é o número de eventos no intervalo. O intervalo foi definido de 30.1.2014 a 30.11.2014.

1.6.2 Eventos

O objetivo da nossa análise é encontrar os relatórios de erro mais frequentes e tentar determinar por que razão são apresentados. No quadro seguinte, pode ver quantos avisos, alertas, falhas e problemas individuais foram apresentados aos operadores num ano *Quadro 1: As 10 mensagens de erro mais apresentadas num ano*. Aqui mostramos apenas os 10 principais relatórios, mas concentrámos a nossa atenção nos 50 erros mais ocorridos. Estes dados foram obtidos a partir de 31. janeiro de 2014 8:00:00 a 31. janeiro de 2015 8:00:00.

Tabela 2: As 10 mensagens de erro mais vistas num ano

Bandeira	Nome	Desc	Propriedade do evento	Motivo do evento	Número de eventos em intervalo	Número de eventos desde a reposição	Data de reposição
	ROHOZ OS OSSRV1::WHR\Y42-PI4/T2		Nível (Condição)	Nível/Alarme Baixo	420104	950431	15.4.2014 7:09
	ROHOZ OS OSSRV1::WHR\Y42-PI4/T2		Nível (Condição)	Nível/Aviso Baixo	420104	950431	15.4.2014 7:09
*	ROHOZ OS OSSRV1::WHR\Y42-PI4/T2		Nível (Condição)	Nível/aviso Baixo	210054	950431	15.4.2014 7:09
*	ROHOZ OS OSSRV1::WHR\Y42-PI4/T2		Nível (Condição)	Nível/Alarme Baixo	210054	950431	15.4.2014 7:09
	ROHOZ OS OSSRV1::WHR\Y62-HX1/T1		Nível (Condição)	Nível/Alarme Baixo	33847	77031	23.5.2014 14:14
	ROHOZ OS OSSRV1::WHR\Y62-HX1/T1		Nível (Condição)	Nível/Aviso Baixo	33847	77031	23.5.2014 14:14
	ROHOZ OS OSSRV1::WHR\Y42-HX2/T1		Nível (Condição)	Nível/Alarme Baixo	24643	82129	15.4.2014 7:09
*	ROHOZ_OS_OSSRV1::WHR\Y42-HX2/T1		Nível (Condição)		24643	82129	15.4.2014 7:09
....	ROHOZ OS OSSRV1::E502HA::E502HA		Nível (Condição)	Nível/Aviso Erro baixo	23385	144326	25.3.2014 11:20
R	ROHOZ_OS_OSSRV1::E502HA::E502HA		Nível (Condição)	Erro	23376	144326	25.3.2014 11:20

Abreviámos a coluna Descrição apenas para Desc e reduzimos esta coluna, porque não é apresentada qualquer informação. A primeira coisa que deve ser melhorada é adicionar uma descrição a cada relatório. Depois disso, saberemos imediatamente qual poderá ser o motivo do aviso. Neste caso, poderia ser, por exemplo, "O nível de temperatura é baixo". Quando olhamos para os valores na coluna Sinalizador, podemos ver "sem carácter", "*" ou "R". Os dois primeiros mencionados representam sinais de entrada e saída e R significa leitura. Ao examinar os nomes, podemos ver que não existe nenhum código HAC antigo com a forma 4A2-FK6.Y1.F, mas apenas códigos da nova codificação ROHOZ_OS_OSSRV1 (*os novos códigos HAC são apresentados na secção 2.5 Novos códigos HAC).*

Isto representa o servidor em Rohoznik. WHR significa Waste Heat Recovery (recuperação de calor residual), o que significa que todos estes erros provêm de uma central eléctrica.

Após esta análise, podemos ver os problemas mais comuns na fábrica de cimento e tentaremos detetar os dispositivos que funcionam incorretamente, descobrir a causa, reparar ou alterar o dispositivo ou alterar as definições. Considerando as primeiras dez mensagens de erro na Tabela 2, podemos dizer que todas as mensagens têm o mesmo valor de relevância.

Complicações:

- Relatórios de erros

1.7 CCR - Sala de Controlo Central

A parte principal do sistema SCADA, para os operadores, é a sala de controlo central. A interface do operador é constituída por unidades de visualização de vídeo que apresentam dados em tempo real sobre os processos, teclados e ratos para a introdução de comandos ou mensagens para o processo. Cada operador tem também um telemóvel para informar outras pessoas sobre um problema em caso de necessidade. A sala de controlo está dividida em duas partes. A primeira destina-se ao controlo do fabrico de cimento branco e a segunda ao fabrico de cimento cinzento. Dois operadores principais são responsáveis por todo o processo, verificando a informação e controlando os processos da CCR. O trabalho dos operadores requer concentração em todos os momentos, porque cada mensagem de erro tem de ser resolvida num determinado momento para evitar a paragem do fabrico. O hardware de monitorização na CCR é composto por 38 monitores

LCD de 17", 16 sinalizações de alarmes, sinalização sonora e 3 grandes ecrãs de TV LCD. O estado atual da CCR pode ser visto na *Figura 11: Sala de Controlo Central.* Os ecrãs de TV LCD servem apenas como dispositivos de controlo, apresentando a situação exterior captada pelas câmaras de vídeo. A quantidade de monitores obriga os operadores a deslocarem-se em torno do painel de controlo, tanto quanto as pequenas unidades visuais. O espaço da sala é aberto, pelo que todos os empregados podem visitar os operadores, o que pode levar à sua perturbação durante o trabalho. Outro fator é a falta de um sistema de segurança, respetivamente de segurança da sala, que pode ser facilmente acessível a qualquer pessoa na empresa. Em caso de alerta grave, faltam unidades especiais, especialmente para os engenheiros de processo, que possam monitorizar e controlar toda a fábrica a partir de um local sem perturbar os operadores.

Figura 11: Sala de controlo central 5.12.2014

Complicações:

- Sala com espaço aberto, segurança do posto de trabalho
- Perturbação por parte de outros empregados, ausência de unidade de acesso rápido para engenheiros de processos
- Quantidade de monitores, pequenas unidades visuais

1.7.1 Processo de organização e resolução de problemas

No início de cada turno, é efectuado um controlo da informação. O sistema de informação técnica O sistema de informação técnica foi criado para ajudar os operadores a tratar esses dados, ordenando-os. Ao

filtros, podem encontrar a informação que procuram. No caso de alguns problemas, eles precisam de prestar mais atenção a alguns processos, por exemplo: quando a temperatura é mais longa na taxa máxima. Este problema pode ser resolvido ajustando a escala de temperatura, mas apenas quando tivermos a certeza de que não é grave. Se demorar algum tempo, o alarme começa a avisar-nos através de iluminação e sinalização sonora. Neste momento, temos de ter um cuidado especial com esta questão e temos de tentar resolver o problema através do computador, utilizando o sistema SCADA. Se não conseguirmos resolver o problema, é pedido ao pessoal de manutenção especial que o verifique e resolva. Depois disso, o problema é resolvido mais cedo ou, se for crítico, temos de parar o fabrico, resolver o problema e recomeçar. Isto custa muito dinheiro. Podemos evitá-lo através da otimização do sistema SCADA.

2 Propostas de alteração do sistema SCADA

Este capítulo contém propostas para o novo sistema SCADA CEMAT e as suas modificações. Serão apresentadas propostas para a resolução de mensagens de erro, otimização da sala de controlo central (hardware, software e design). A edição do Sistema de Informação Técnica e as modificações dos projectos existentes no STEP7 também serão explicadas.

2.1 WinCC

Utilizando a norma WinCC e o Designer Gráfico, podemos criar uma interface de utilizador arbitrária para qualquer aplicação, controlar a segurança e otimizar todos os processos. Os objectos incorporados oferecem uma forma rápida e fácil de criar novas aplicações. Oferecemos muitos elementos diferentes como botões de verificação, botões de rádio, comboboxes, janelas, objectos, animações, gráficos 2D e 3D, etc. Para tempo de execução e configuração, a gestão de utilizadores pode definir e gerir direitos de acesso, mesmo durante o tempo de execução da aplicação. O número máximo de grupos é de 128, cada grupo pode ter 128 utilizadores. A cada grupo podem ser atribuídas funções específicas. O sistema pode ser facilmente adaptado a requisitos específicos com WinCC Options ou add-ons. Um dos complementos é o SIMATIC Logon, que serve para a integração do sistema de segurança e gestão de utilizadores do sistema operativo Windows.

O WinCC fornece um modelo normal, com um aspeto semelhante ao da *Figura 12: Modelo.* A criação de uma visualização própria consiste numa proposta no Designer Gráfico, onde podemos encontrar todos os objectos incorporados e também uma biblioteca especial chamada CEMAT, que foi desenvolvida especialmente para a indústria cimenteira. Esta biblioteca é única para cada empresa, por exemplo: A biblioteca CEMAT da Holcim (Eslováquia) a.s. é diferente da biblioteca CEMAT da Lafarge.

2.2 CEMAT e Designer Gráfico

CEMAT é o sistema de controlo especialmente desenvolvido para a indústria cimenteira.

A Siemens oferece um sistema de controlo distribuído altamente inovador que ajuda a indústria cimenteira não só a manter-se competitiva, mas também a melhorar a competitividade a longo prazo - optimizando a produtividade, a disponibilidade da fábrica e a eficiência energética.

Trata-se de software de engenharia, executável no Windows XP Professional 32 Bit, Windows 7 Ultimate 32/64 Bit, Windows Server 2003 R2 Standard 32 Bit ou Windows Server 2008 R2 Standard 64 Bit. Trata-se de software da classe A, definida pela norma IEC 62304 como classe de segurança, em que não são possíveis lesões ou danos para a saúde. (Siemens, 2015)

A nossa versão do CEMAT 6.1 baseia-se no sistema de controlo de processos SIMATIC PCS 8.0 + SP1 Bundle e é executada no sistema operativo Windows 7 Ultimate 64 Bit. O sistema é projetado para o futuro para garantir a compatibilidade com as inovações em curso. A versão mais recente é compatível com todas as versões anteriores, desde a versão 1.8, que foi lançada em 1978. Isto significa que os programas PLC mais antigos podem ser operados e visualizados na última versão do sistema operativo ou podem ser actualizados para as versões actuais sem dificuldade.

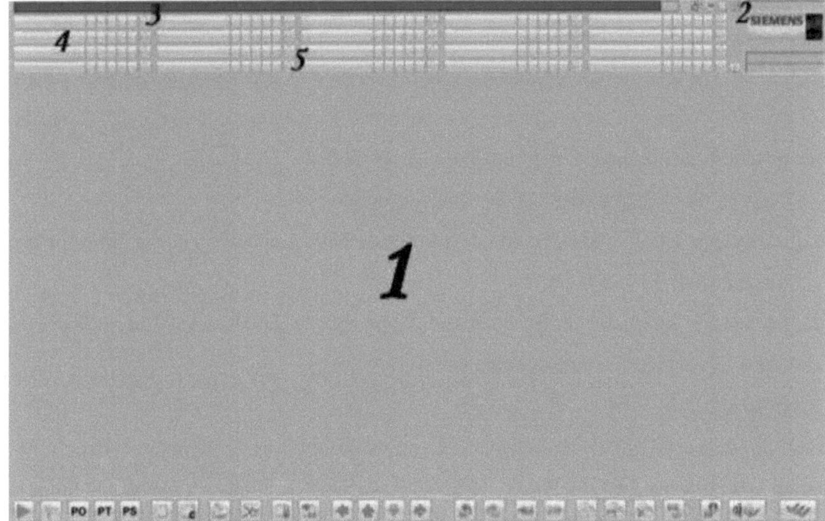

Figura 12: Modelo

Antes de mais, precisamos de descrever o que vamos ver no nosso modelo. O lugar maior (1) serve para a visualização. O lugar principal no meio da *Figura 12: Modelo* (localizado acima) está agora vazio, porque cada empresa tem uma distribuição particular de dispositivos no fabrico, um número diferente de moinhos, diferentes tipos de produção e disposição nas fábricas de cimento. Esta parte será proposta na secção *2.2.1 Designer gráfico*. Para uma visão geral rápida, no canto superior direito (2), na caixa de texto, será colocada a hora do sistema. Os rectângulos no canto superior esquerdo (3), coloridos a vermelho para melhor reconhecimento, mostrarão informações sobre a mensagem de erro atual. Do lado esquerdo, haverá a data e a hora em que o relatório ocorreu. No terceiro campo estará o nome da categoria a que pertence o relatório. O quarto será o código HAC, o quinto será o nome e o último mostrará o tipo de falha. Toda a produção está dividida em várias categorias. Os locais abaixo dos rectângulos vermelhos (4) mostrarão o nome da categoria, a sinalização de Alarme e Aviso, se houver algum erro e a seta a apontar para baixo (5) oferecerá subcategorias no local escolhido.

2.2.1 Designer gráfico - descrição da parte funcional:

Nesta secção, propomos a visualização gráfica de uma parte da fábrica de cimento.

A parte funcional consiste no carregamento, armazenamento e transporte de sulfato para o moinho. O princípio principal deste segmento é adicionar a quantidade correta de sulfato ao processo de produção de cimento. É composto por várias partes:

a) Descarga do camião para o silo de armazenamento

O camião descarrega o sulfato e enche o silo de armazenamento com sulfato por ar comprimido.

b) Carregamento do silo "pera

O filtro de mangas e o ventilador do filtro servem para a sucção e equalização da pressão e as válvulas de sopro servem para a ondulação do sulfato.

c) Limpeza

A secção será dividida em 2 partes: Enchimento e Limpeza de tubagens. O encravamento permite-nos utilizar apenas um grupo, o grupo de enchimento ou o grupo de limpeza. O grupo de limpeza das tubagens é executado antes do grupo de enchimento para limpar as tubagens. No caso da limpeza, é utilizado ar comprimido. São abertas válvulas especiais e o ar comprimido é pressurizado nos tubos para os limpar.

d) Enchimento do silo de peso com sulfato por ar comprimido

As válvulas de alimentação são abertas e o sulfato é pressurizado para o alimentador de peso. e) Fornecimento de sulfato em porções exactas para o processo

O alimentador de peso calcula a quantidade de sulfato através do algoritmo de perda de peso e os componentes são posteriormente transportados para o moinho.

Alguns dos componentes utilizados no Graphis Designer são apresentados na figura seguinte, *Figura 13: Elementos do Graphics Designer.*

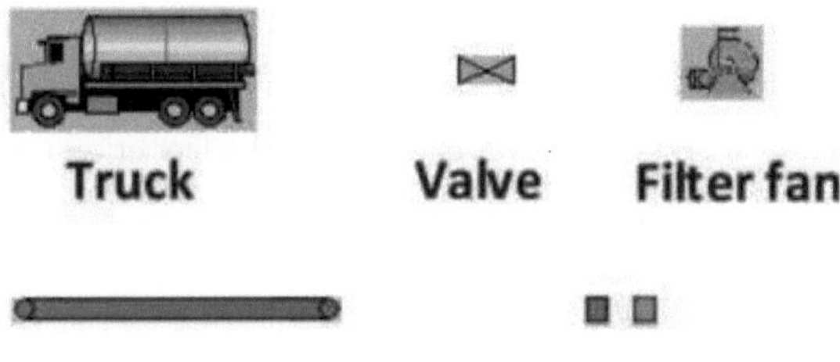

Figura 13: Elementos do designer gráfico

Agora que já escolhemos os elementos, podemos proceder à ligação com a estrutura. Através do Assistente dinâmico, podemos ligar os valores dos elementos às estruturas. A estrutura é uma espécie de modelo de elemento, que fornece as propriedades, variáveis e definições necessárias aos nossos elementos. Na visualização final, podemos definir valores reais obtidos a partir da fábrica, valores dinâmicos, ou podemos mesmo definir os nossos próprios valores, simulados, valores estáticos. Isto é frequentemente utilizado durante os testes.

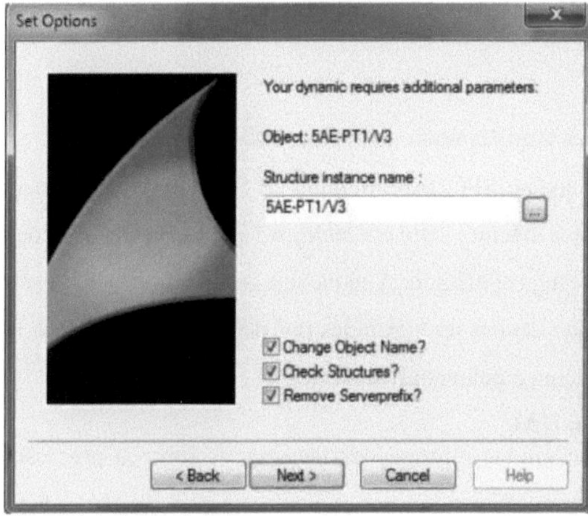

Figura 14: Assistente dinâmico

2.3 Etapa 7 - Gráfico e sequência

A pedra angular do sistema são os gráficos, que criam o cérebro de todos os processos. Utilizando o subprograma CRS no STEP7, podemos criar gráficos. Isto proporciona uma melhor orientação no programa e um acesso rápido em caso de qualquer alteração no código.

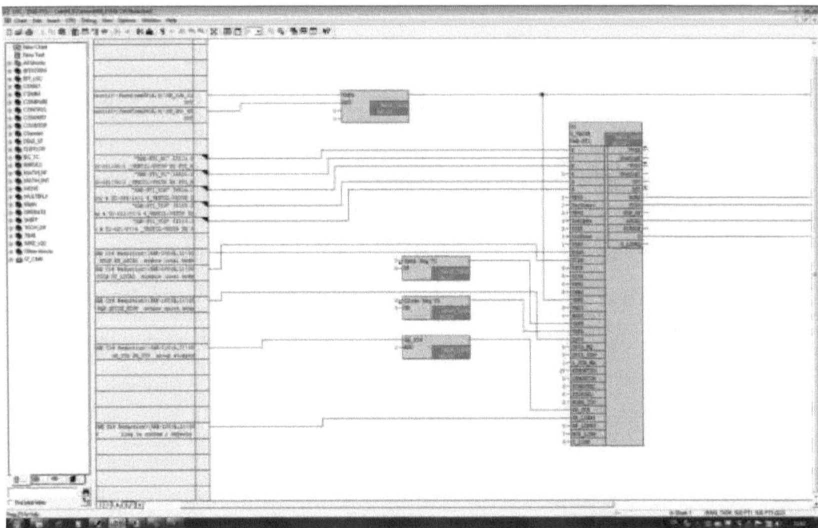

Figura 15: Etapa 7 - Gráfico

Outro aspeto importante é a Sequência criada no SFC, subprograma do STEP7. As sequências são uma espécie de funções que se repetem frequentemente em ciclo, até que todas as condições sejam verdadeiras e até que o último passo esteja concluído. A sequência começa com a instrução START, depois temos várias condições, que devem ser separadas por pelo menos um passo, o corpo principal e toda a sequência termina com a palavra-chave END.

2.4 TIS - Descrição, motivo do evento, HAC

O Sistema de Informação Técnica contém muitas informações necessárias sobre o processo. Algumas delas são bastante complicadas de compreender, por exemplo, os códigos HAC. Para um novo membro da equipa, é necessário algum tempo para se familiarizar com estes códigos. Recomendamos que se adicione uma função de dica de ferramenta para nos mostrar os códigos HAC descodificados para uma melhor visão geral, quando o utilizador passa o rato sobre o nome, pode mostrar uma pequena descrição do código. Outra melhoria consiste na modificação das colunas: Descrição para os novos códigos HAC e Motivo do evento para os antigos códigos HAC, pelo menos temporariamente, até que todos os novos códigos sejam substituídos.

Por exemplo, a dica de ferramenta para ROHOZ_OS_OSSRV1:: WHR\Y62-HX1/T1 terá o seguinte aspeto:

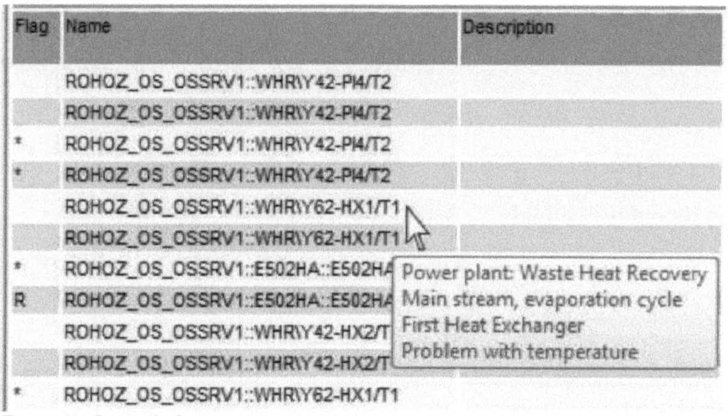

Flag	Name	Description
	ROHOZ_OS_OSSRV1::WHR\Y42-PI4/T2	
	ROHOZ_OS_OSSRV1::WHR\Y42-PI4/T2	
*	ROHOZ_OS_OSSRV1::WHR\Y42-PI4/T2	
*	ROHOZ_OS_OSSRV1::WHR\Y42-PI4/T2	
	ROHOZ_OS_OSSRV1::WHR\Y62-HX1/T1	
	ROHOZ_OS_OSSRV1::WHR\Y62-HX1/T1	
*	ROHOZ_OS_OSSRV1::E502HA::E502HA	
R	ROHOZ_OS_OSSRV1::E502HA::E502HA	
	ROHOZ_OS_OSSRV1::WHR\Y42-HX2/T	
	ROHOZ_OS_OSSRV1::WHR\Y42-HX2/T	
*	ROHOZ_OS_OSSRV1::WHR\Y62-HX1/T1	

Power plant: Waste Heat Recovery
Main stream, evaporation cycle
First Heat Exchanger
Problem with temperature

Figura 16: Ponta da ferramenta

2.5 Novos códigos HAC

Atualmente, a fábrica de cimento está a reconstruir o sistema SCADA, o que envolve também mudanças na codificação, os códigos serão derivados de palavras inglesas e terão uma estrutura bastante diferente. Todos os códigos antigos serão progressivamente substituídos por novos códigos, no entanto, nesta altura ainda utilizamos os códigos antigos e os novos. A estrutura dos novos códigos é a seguinte

ROHOZ_OS_OSSRV1::WHR\Y42-HX2/T1

ROHOZ_OS_OSSRV1 =		nome do servidor SCADA
WHR	=	Recuperação de calor residual (central eléctrica)
Y42	=	Corrente principal, ciclo de evaporação,sequência #2
HX2	=	Permutador de calor, sequência n.º 2
T1	=	Temperatura, sequência #1

Todos os códigos HAC com a descrição necessária podem ser encontrados nos documentos internos da empresa.

2.6 Mensagens de erro que resolvem propostas

Devido ao facto de alguns serviços serem executados no antigo sistema ILTIS e outros no CEMAT, algumas partes da fábrica de cimento ainda utilizam a codificação antiga e outras partes utilizam a nova codificação. Em função destas medidas, alguns serviços não podiam funcionar corretamente e deparámo-nos com alguns factos interessantes. Dentro de um ano, todas as fábricas de cimento utilizarão apenas a nova codificação. A situação atual é bastante complicada. As abreviaturas do antigo código HAC são da língua alemã e as abreviaturas do novo código são da língua inglesa.

Após a análise efectuada na secção *1.6 Análise dos relatórios de erros*, podemos avançar para propostas de resolução desses relatórios. Tentaremos encontrar a causalidade dos relatórios mais frequentes e eliminar esses relatórios, se possível.

2.6.1 Problema no permutador de calor

Primeira mensagem apresentada (na secção 1.6.2 Eventos) no *Quadro 2: 10 principais mensagens de erro apresentadas num ano*, de 31. janeiro 2014 8:00:00 a 31. January 2015 8:00:00 é ROHOZ_OS_OSSRV1::WHR\Y42-PI4/T2 com um número de eventos 420 104.

(*WHR*) Recuperação de calor residual

(*Y4*) Vapor principal, ciclo de evaporação(*2*) Sequência #2

(*PI*) Óleo de pólvora

(*4*) Sequência #4

(*T2*) Temperatura #2

A sinalização de alarme foi lançada depois de atingido o limite inferior. Este número é inesperadamente grande, convertido em dias representa 1150 mensagens por dia, o que equivale a 4 mensagens a cada 5 minutos.

No motivo do evento, podemos observar o nível - Alarme baixo ou Aviso baixo. Estes relatórios de nível baixo são também designados por Baixo (Aviso Baixo) e Baixo (Alarme Baixo). O Aviso apresenta apenas uma mensagem de texto, ao contrário do Alarme que inicia a sinalização de alarme real, visual e sonora. Os números interessantes de eventos estão no intervalo, podemos dizer que há pares de erros com as mesmas contagens, o que parece realmente suspeito.

Ao elaborar este problema, descobrimos que **as condições de nível** podem estar configuradas para **o mesmo valor**. Uma análise mais aprofundada mostrou que a definição destes dois avisos estava realmente definida para o mesmo valor (0°C). Decidimos alterar o Aviso Baixo para um valor maior (10°C). Este passo deve dividir reconhecidamente o número de avisos e alarmes.

Ao monitorizar estes relatórios em tempo real e concentrando-nos exatamente num relatório, conseguimos ver que estes relatórios são apresentados sempre que a temperatura desce abaixo dos 0°C. Esta análise foi efectuada durante o período de inverno, que foi a razão do excesso de contagens. Quando alterámos o intervalo de 1 ano para os últimos 4 meses, obtivemos os mesmos resultados dos relatórios nas primeiras posições com a nova codificação. Isto garantiu-nos que estes números não são do ano inteiro, mas apenas dos últimos meses. A flutuação da temperatura em torno de 0° C causava uma mensagem de erro sempre que a temperatura aumentava ou diminuía abaixo de 0° C. Para resolver este problema, decidimos criar uma histerese para essas unidades. No *Gráfico 1: A histerese da temperatura* é mostrada no esquema principial, como funciona. **A histerese** da temperatura está configurada para 0,3%. A nossa gama de temperaturas é de 0 a 600, a histerese é de igual a 1,8°C. O nosso gráfico abaixo mostra-nos um exemplo de um novo valor de Aviso Baixo (0,35°C). Agora, quando a temperatura descer abaixo de 0,35°C, tem de aumentar pelo menos até 2,15°C (0,35+1,8) e, depois disso, quando voltar a descer abaixo de 0,35°C, receberemos a mensagem de erro seguinte.

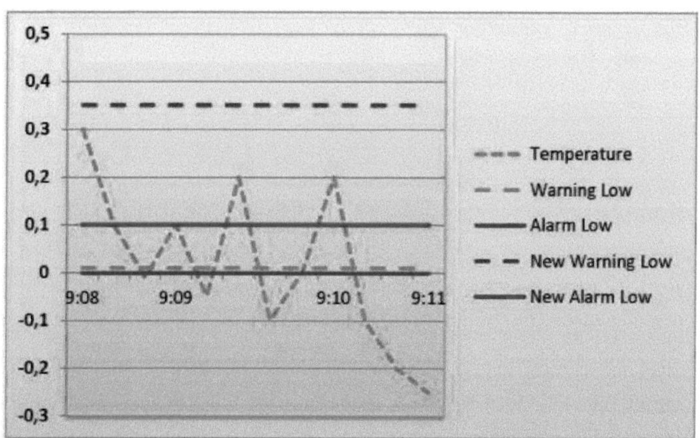

Gráfico 1: Histerese da temperatura

As primeiras oito mensagens de erro foram recolhidas de permutadores de calor de recuperação de calor residual. Foi proposta a mesma solução para cada um destes permutadores de calor.

2.6.2 Problema de tempo do sistema

Os dois últimos relatórios (mencionados na secção 1.6.2 Eventos) do *quadro 1: As 10 mensagens de erro mais frequentes* são erros de sistema. Estes são provocados pela mudança involuntária do servidor principal, que fornece a hora a outras unidades, para o modo escravo. Este servidor, que foi mudado para escravo, causa erros porque necessita de informações sobre a hora, que deveriam ser fornecidas por ele próprio. Este erro ocorre de vez em quando, mas, quando acontece, é repetido várias vezes num segundo. Esta é a razão pela qual é apresentado entre os dez principais erros. A resolução deste problema baseia-se na adição de uma das funcionalidades SICLOCK TM da Siemens, o que substituiria totalmente este servidor no fornecimento de tempo. A função deste dispositivo é basicamente fornecer sincronização de tempo para outras unidades de sistema do PCS.

Figura 17: SICLOCK TM (Siemens SICLOCK TM, 2014)

2.6.3 Problema do sensor (borboleta amortecedora)

Um dos problemas mais frequentes no sistema antigo é um problema com o sensor do registo de borboleta (fluugelklappe 4A2-FK6.Y1.F). A mensagem de falha indica que o amortecedor não foi fechado corretamente. Em primeiro lugar, temos de verificar o processo de fabrico para ver se podemos continuar a fabricar com esse erro. Em caso afirmativo, temos de determinar se a falha foi causada pelo sensor ou pelo dispositivo. Se o fabrico puder continuar, podemos tentar estimar que o amortecedor de borboletas provavelmente funciona corretamente e podemos prosseguir com a investigação do sensor. Devido à autorização para exame pessoal, de que não dispúnhamos, tentámos decidir onde está o problema através do método de eliminação. Foram escolhidas várias opções, por exemplo: ambiente poeirento, funcionamento inadequado, proteção interna incorrecta ou manutenção negligenciada. A substituição do sensor por outro, sem defeito, deverá mostrar se o problema foi causado por uma das razões mencionadas.

2.7 Proteção contra ingresso

A situação numa fábrica de cimento exige uma excelente cobertura. Muitos dispositivos têm de ser protegidos de todas as formas. A proteção de entrada descreve a qualidade da cobertura. Este sistema foi desenvolvido pelo CENELEC (Comité Europeu de EletrotécnicaNormalização) e foi descrito pela norma internacional IEC/EN 60529, IEC (Comissão Eletrotécnica Internacional).

Exemplo de proteção contra a entrada:

IP68 - O primeiro número "6" descreve a proteção contra objectos sólidos (0 = sem proteção, 6 significa totalmente protegido contra poeiras)

- O segundo número "8" descreve a proteção contra líquidos (0 significa que não há proteção, 8 significa proteção contra longos períodos de imersão sob pressão)

Para mais informações, recomendo a visita à página Web sobre proteção contra a entrada de pessoas mencionada nas referências. (KopCek, 2014)

2.8 Scanner de silo de nível 3D e SCADA 3D

O sistema Multi-Scanner modelo MVL não é tão importante como o funcionamento correto da fábrica de cimento, mas é um equipamento muito interessante que pode ser muito útil no armazenamento de cimento. Através do scanner de silo, podemos ver como o cimento é armazenado, o que leva a valores mais precisos e a uma visão geral sobre os bens armazenados.

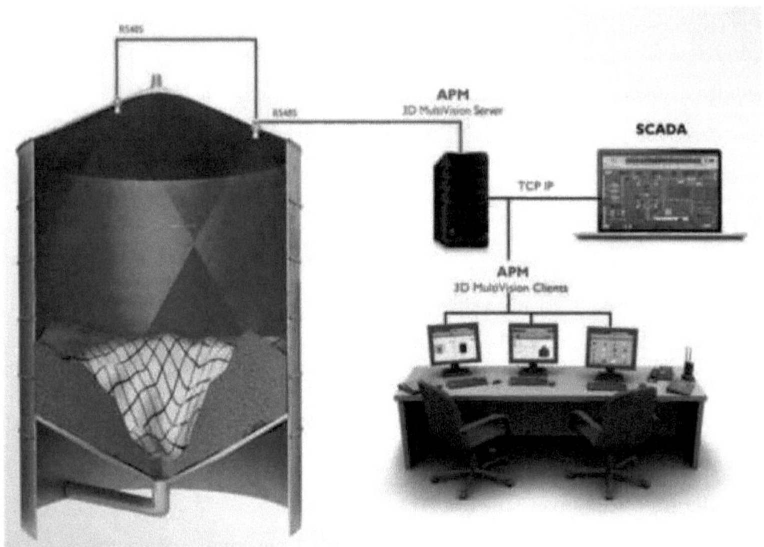

Figura 18: Scanner de nível 3D (APM, 2015)

Outra melhoria não menos interessante para o futuro é a visualização SCADA 3D. O software ANT Industrial Studio SCADA 3D é um exemplo perfeito. (ANT, 2015)

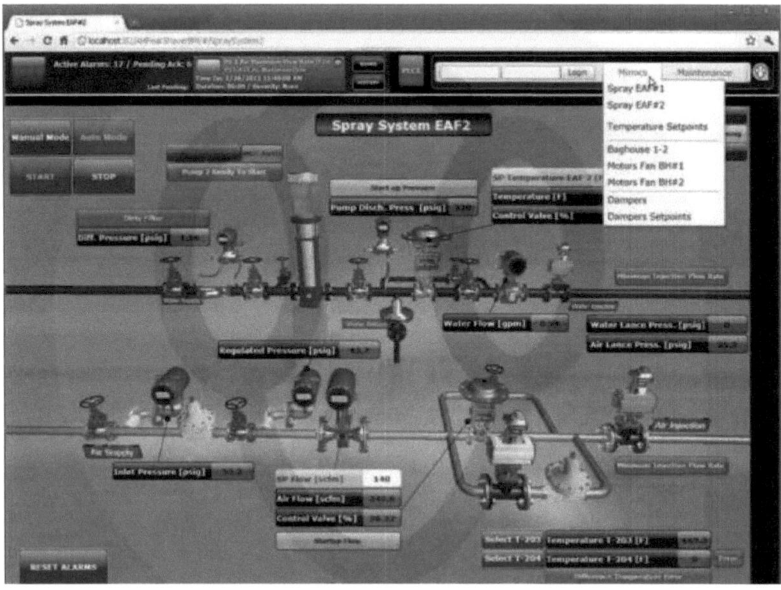

Figura 19: ANT Industrial Studio SCADA 3D (ANT, 2015)

2.9 Sala de controlo central

A sala de controlo central é o principal posto de trabalho dos operadores. Estes têm de estar concentrados em todas as alterações em tempo real que podem ocorrer durante o turno. Para facilitar o seu trabalho e para que se concentrem o mais possível, a atual CCR deve ser melhorada. Quando chegamos ao seu posto de trabalho, podemos ver uma grande sala aberta (o RCC foi mostrado na secção *Figura 11: Sala de Controlo Central 5.12.2014*). Nota-se imediatamente que a sala está um pouco sobrepovoada. Muitas vezes, há mais pessoas do que deveria haver. Esta sala poderia ser delimitada. Poderia haver uma área especial só para os operadores. A vantagem de uma sala fechada é que os operadores não serão incomodados por outros funcionários. A parede de vidro concebida é o método perfeito para conseguir privacidade para os operadores e, simultaneamente, permitir-lhes estar em contacto em caso de necessidade.

Outra vantagem de um compartimento fechado são as medidas de segurança. Para evitar a entrada de pessoas não autorizadas, podemos utilizar um leitor de controlo de acesso. Eu recomendaria o SCR100, apresentado na *Figura 20: esquema do SCR 100*. Trata-se de um leitor de cartões de acesso baseado em IP com um alcance de leitura de 10-15 cm, capaz de ler o cartão em menos de 30 ms e de comunicar com o computador através de RS232/484, TCP/IP. O dispositivo possui relé incorporado para sensor de porta, alarme, fechadura magnética e botão de saída. Os indicadores LED são fornecidos em 3 variações: azul - modo stand by, verde - acesso concedido e vermelho - sinalização de acesso negado. Para além dos cartões normais, este dispositivo suporta também HID (Human interface device). Para além de apenas receber entradas como um rato ou apenas fornecer saídas como altifalantes, a norma HID permite a troca de informações entre o dispositivo e o computador anfitrião. Utilizando NFC ou Bluetooth em combinação com o SCR100, os empregados poderão abrir portas não só com cartões clássicos, mas também com telemóveis. (HID, 2015)

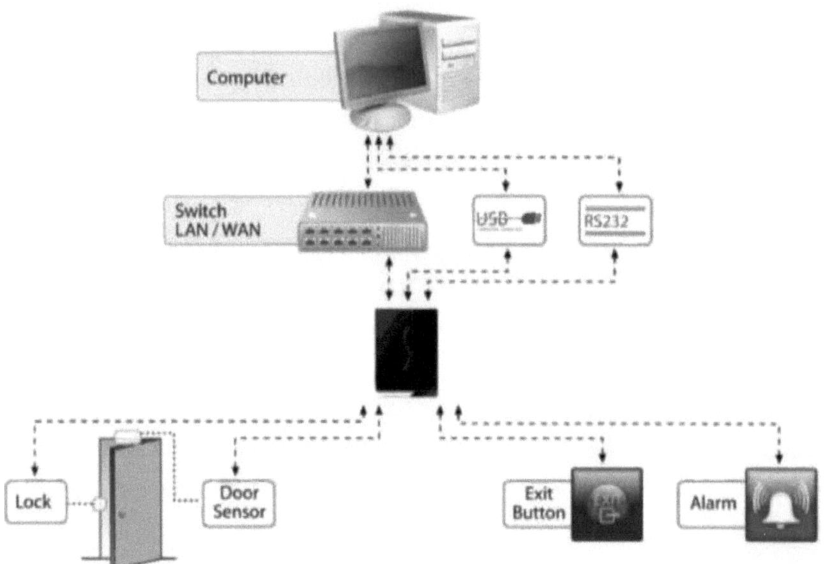

Figura 20: Esquema SCR 100 (Alarmtel, 2015)

Os dispositivos mais importantes para os operadores são, sem dúvida, as unidades visuais. Atualmente (2014), na CCR, podemos ver apenas algumas unidades visuais com uma diagonal maior, que apresentam apenas registos da câmara de vídeo e 38 monitores com uma diagonal de 17". Alguns deles são reconectados via DVI, o que ajuda a estender os monitores e a controlar mais monitores com um teclado e um rato. Monitores maiores, melhor disposição e design ergonómico podem ajudar a uma orientação mais rápida e a uma melhor concentração. As novas tendências e tecnologias utilizadas nas empresas de maior sucesso precisam de algo especial. As mesas reguláveis em altura proporcionam uma óptima experiência de trabalho. Estas mesas adaptam-se tanto à posição sentada como à posição de pé. A tomada USB incorporada na mesa, por exemplo, para recarregar o telemóvel, é uma forma inovadora de utilizar o máximo conforto e aplicabilidade das tecnologias modernas. Os dispositivos tácteis são a principal caraterística de um acesso intuitivo e rápido. Podem ser mesas tácteis com vários monitores, monitores tácteis ou paredes tácteis. Todas estas tecnologias podem ser úteis, por exemplo: quando um engenheiro de processos precisa de aceder rapidamente à informação, pode facilmente construir e apresentar a sua própria parte do sistema visual através de uma mesa tátil. Dependendo do tamanho e das especificações, algumas delas podem fornecer até 32 pontos de toque simultâneos utilizando tecnologia avançada de IR (infravermelhos), pelo que esta mesa tátil pode ser operada por várias pessoas ao mesmo tempo. No futuro, também se pode utilizar o Google Glass. Esta tecnologia ainda não é aplicável à utilização industrial, devido ao reconhecimento de voz e ao ecrã demasiado pequeno, mas talvez num futuro próximo venha a ser uma ferramenta útil. Uma opção mais realista é a utilização do dispositivo "Insight", que regista a eletroencefalografia do nosso cérebro e, através do sinal transferido pelos neurónios, é capaz de reconhecer o nosso pensamento. Após a calibração e graças ao giroscópio, podemos controlar, por exemplo, o cursor sem rato. Pode ver o desenho da sala de controlo central na parte de implementação *3.7 Sala de controlo central* na *Figura 26: Sala de controlo central - novas unidades visuais 13.5.2015.*

2.9.1 Conceção do CCR

Para redesenhar o posto de trabalho e melhorá-lo, utilizámos o SketchUp, um software de modelação 3D, disponível gratuitamente em versão de teste. Este software dá-nos uma melhor visão geral da nova conceção do CCR. Este software é de fácil utilização, o que significa que tem um sistema de controlo intuitivo, é fácil de aprender e permite a reconexão com o AutoCAD, o Photoshop ou o LUMION. O SketchUp permite a importação de imagens e projectos e também a exportação do projeto final ou a criação de uma animação.

3 Aplicação

Neste capítulo, vamos implementar todas as alterações que propusemos na secção anterior. A primeira modificação consiste na proposta de implementação parcial através da utilização do CEMAT no Graphic Designer e no Win CC. A próxima inovação será a interligação com o STEP7, a programação e a implementação parcial. Por último, mas não menos importante, a alteração basear-se-á na análise das mensagens de erro e na análise de Pareto. Cada alteração necessitará de algum tempo até podermos observar alguns resultados abrangentes. A última consistirá na remodelação da sala de controlo central, com novas funcionalidades, dispositivos e unidades de visualização de vídeo.

3.1 Novo sistema com utilização do CEMAT

A passagem de um sistema para outro exigiu uma grande migração de dados e a implementação do Iltis para o CEMAT. Algumas das estações de trabalho já estão implementadas no novo sistema e toda a migração deverá estar completamente concluída no prazo de um ano. Uma parte do processo será implementada na secção *3.3.1 Processo e modelação de funções*.

3.2 Designer gráfico

Cada componente ou categoria de componente concebido no Graphic Designer tem de ter uma estrutura específica. Por exemplo: todas as válvulas (na maioria dos casos) têm a mesma estrutura, localização e também valores e algumas propriedades, mas um código HAC diferente. Na secção *2.2.1 do Designer Gráfico* é apresentado um exemplo de estrutura adicionada ao elemento na *Figura 14: Assistente dinâmico.*

O Designer Gráfico contém dois elementos significativos: o local de trabalho e os objectos. Cada parte da fábrica de cimento, que é visualizada, deve ser proposta e implementada no Designer Gráfico. Utilizando objectos incorporados ou criando novos objectos, por exemplo, através da combinação de diferentes formas, podemos criar os dispositivos necessários, que fazem lembrar o equipamento real. Alguns deles são mostrados na *Figura 21: Designer gráfico.*

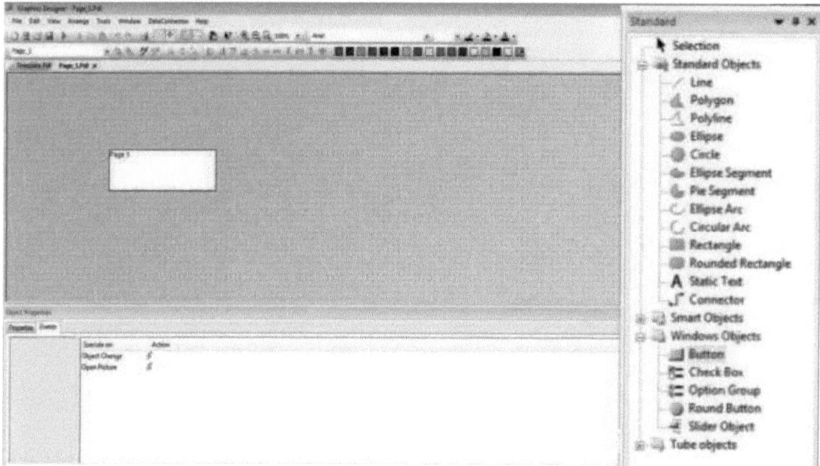

Figura 21: Designer gráfico

3.3 WinCC - CEMAT

Nesta secção será implementada parte do sistema SCADA, visualização em WinCC.

3.3.1 Processo e modelação de funções

Todo o processo de funcionamento é descrito na secção *2.2.1 Designer Gráfico*. Recapitulando, o objetivo principal é descarregar o camião com a carga de sulfato, armazenar essa mercadoria, limpar os tubos com ar comprimido e transportar o sulfato para o alimentador de peso e, subsequentemente, abastecer o moinho de cimento através de uma correia transportadora.

Em geral, utilizamos a cor verde para representar o estado normal (RUN), a cor vermelha para representar o estado de falha (STOP) e a cor laranja é a mais frequentemente utilizada para definir valores estáticos (STATIC). Utilizamos polilinhas sólidas para determinar se se trata de material e linhas tracejadas quando se trata de ar. O alimentador de peso funciona com um algoritmo que conta quantos quilogramas de cimento foram reduzidos e mostra-nos a velocidade de alimentação em quilogramas por hora. Dos elementos gráficos utilizámos, por exemplo: camião, válvulas, moinho de cimento, polilinhas, textos, tapete rolante ou alimentador de peso. Podemos ver a solução final na *Figura 22: Carregamento de sulfato*.

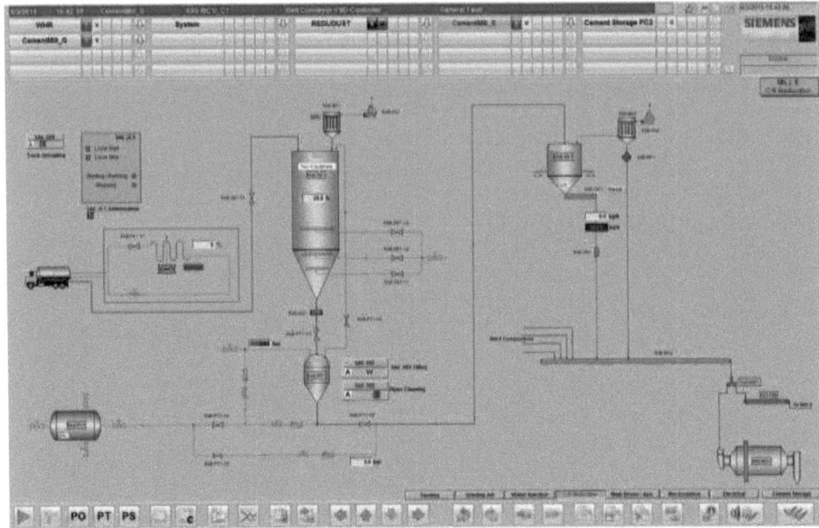

Figura 22: Carga de sulfato

3.4 Resolução de problemas de permutadores de calor

A alteração do valor nas propriedades do permutador *de* calor é mostrada na *Figura 23: Definições do permutador de calor*.

Na figura seguinte, podemos ver os valores reais de configuração de um permutador de calor. Estas alterações devem ser aplicadas a todos os permutadores de calor para eliminar todas as mensagens de erro semelhantes.

Decidimos repor os contadores no Sistema de Informação Técnica e monitorizar o que vai acontecer. O problema do permutador de calor é descrito na íntegra na secção *2.6.1 Problema do permutador de calor*.

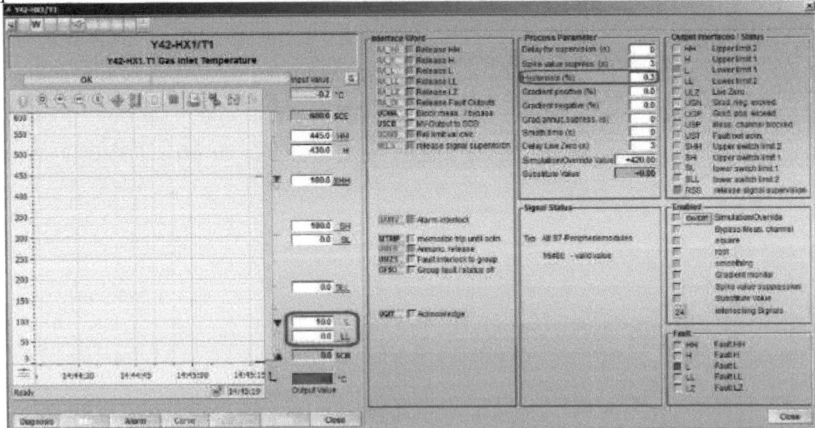

Figura 23: Definições do permutador de calor

3.5 Resolução do tempo do sistema

O SICLOCK TM será colocado entre a central e o barramento terminal para garantir que todas as unidades têm acesso à hora *(o fluxograma anterior é apresentado na secção 1.4 Fluxograma, Figura 6: Fluxograma)*. O problema da *hora* do sistema é descrito na secção *2.6.2 Problema da hora do sistema.*

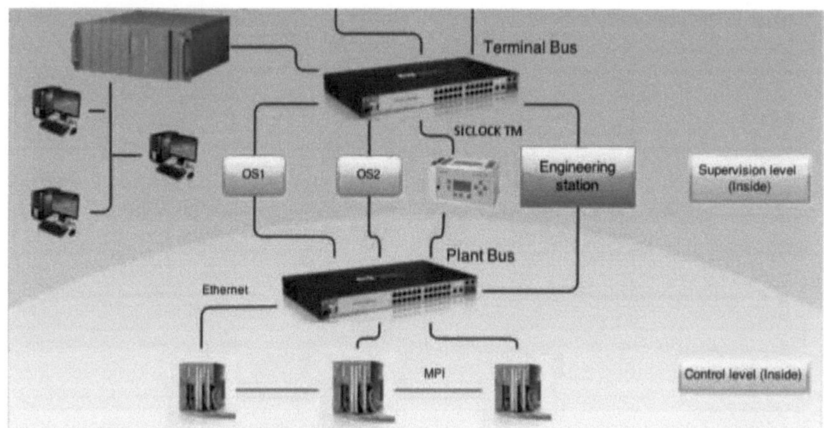

Figura 24: SICLOCK TM adicionado ao fluxograma

3.6 STEP 7 Sequência - limpeza

A sequência começa com a palavra-chave START, cada passo deve continuar com uma condição, que deve ser verdadeira para continuar. Esta é uma parte da sequência do Moinho E *(Figura 25: Parte da sequência - limpeza)*, armazenamento do sulfato no silo e alimentação do peso, especialmente a limpeza dos tubos. Após o início, temos a condição zero, que será sempre verdadeira, apenas devido à sintaxe da sequência. O passo seguinte é a definição de uma mensagem para os operadores, que apresentará aos operadores o texto "Cleaning is Active" (A limpeza está ativa), apenas para lhes garantir que não podem alterar manualmente os valores durante a limpeza dos tubos. Em seguida, a sequência continua para iniciar o primeiro filtro de mangas, depois de o filtro de mangas ser iniciado e funcionar em modo automático, outra condição é verdadeira. O mesmo processo é efectuado com o ventilador do filtro. Quando o ventilador do filtro é aberto, podemos abrir a válvula 2, depois esperar 4 segundos e fechar esta válvula. Depois disso, quando a ventoinha 2 estiver fechada, esperamos mais 4 segundos para garantir que tudo está no sítio certo. O ar comprimido é utilizado para limpar as tubagens antes do enchimento do silo, depois esperamos um minuto ou até a pressão diminuir para menos de 0,8 bar. Em seguida, o grupo de limpeza passa para o modo desligado e o grupo de alimentação liga-se. Estes dois grupos não podem funcionar em conjunto, o que é assegurado pelo interbloqueio do grupo.

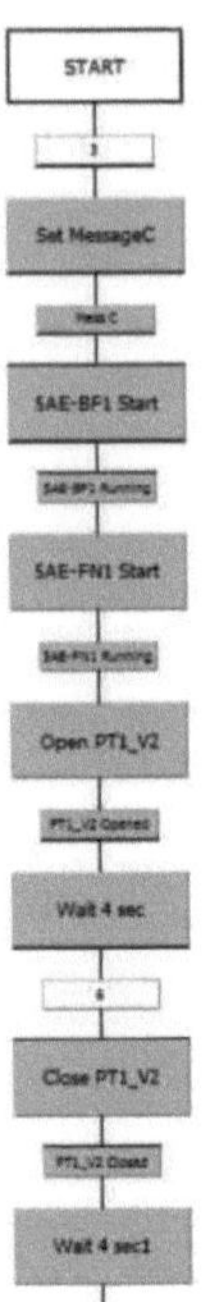

Figura 25: Parte da sequência - limpeza

3.7 Sala de controlo central

Esta secção irá mostrar-nos as alterações implementadas no CCR. Para uma melhor visualização foram implementados na CCR novos monitores com o modelo de identificação Philips Bdl4677xh/00. O sistema de segurança SCR100 foi introduzido na secção *2.9 Sala de Controlo Central* e sugerido aos engenheiros de processo para consideração da sua implementação. Na *Figura 26: Sala de controlo central - novas unidades visuais 13.5.2015* abaixo, podemos ver as alterações implementadas no RCC real.

Figura 26: Sala de controlo central - novas unidades visuais 13.5.2015

4 Testes

A fábrica de cimento pertence a locais perigosos. Os ensaios num ambiente deste tipo devem ser efectuados de uma forma especial. Testámos a maior parte das alterações do RCC através do computador, mas também tivemos um técnico de manutenção no exterior da fábrica para nos ajudar. O trabalhador da manutenção verificou se tudo estava bem ou se estávamos a enfrentar alguns problemas ou estados inesperados. O importante durante os testes num ambiente deste tipo é o transmissor poder contactar imediatamente os outros. Este capítulo divide-se em duas partes: Métodos - conterá todos os métodos que utilizámos durante os testes e a outra é Falhas - descreverá todas as falhas com que nos deparámos.

4.1 Métodos

O primeiro e mais utilizado de todos os métodos foi o teste através do computador a partir da estação de engenharia. Esta é a sala onde se encontra o servidor SCADA. Podemos aceder a todas as partes da fábrica de cimento no WinCC, modificar todos os valores disponíveis ou implementar novas partes propostas no sistema SCADA.

Pontos positivos:

Este método é cómodo para os operadores, pois não precisam de sair do CCR e podem ver os resultados na visualização. A utilização de valores estáticos é também uma grande vantagem, especialmente quando precisamos de definir o nosso próprio valor. O operador pode testar os problemas sozinho.

Negativos:

Não podemos ter 100% de certeza se a nossa visualização é de facto verdadeira, quando não temos uma câmara ou um trabalhador de manutenção perto do problema.

O segundo método, que é mais seguro, é a implementação do RCC com pessoas de contacto reais na fábrica de cimento - trabalhadores da manutenção e câmaras.

Pontos positivos:

Este método é mais preciso e podemos reagir imediatamente às alterações implementadas, o que acabámos de fazer. A comunicação via transmissor com o trabalhador de manutenção e o contacto visual via WinCC ou através de câmaras é mais do que satisfatória.

Negativos:

O facto de envolver mais pessoas do que no primeiro método pode provocar a ausência de trabalhadores noutros postos de trabalho. Este método de controlo é também mais moroso.

4.2 Falhas

Durante os testes, também nos deparámos com muitos problemas e falhas. A implementação à primeira tentativa, sem qualquer erro, é um fenómeno raro. Também tivemos de fazer muitas modificações antes de implementarmos corretamente o nosso código e as nossas ideias.

Podemos dividir os nossos erros em algumas categorias: erros causados por negligência, fator humano, cansaço, exaustão, falhas causadas por ignorância, perturbação por outros funcionários, pressa ou falhas causadas por negligência na manutenção do dispositivo.

5 Documentação e avaliação dos resultados

Neste capítulo, vamos criar documentação para os operadores da sala de controlo central. A documentação será útil principalmente para que os novos funcionários se familiarizem com o novo sistema. Vamos criar um ficheiro .chm para os operadores.

5.1 Documentação

A documentação foi criada na Oficina de Ajuda HTML. Mesmo quando esta documentação se baseia em ficheiros HTML, será acessível também offline, porque iremos compilar todos os ficheiros HTML no ficheiro .chm final. Envolve instruções básicas sobre o WinCC, o Designer Gráfico e os Códigos HAC. Parte da documentação é mostrada na *Figura 27: Documentação para os operadores*.

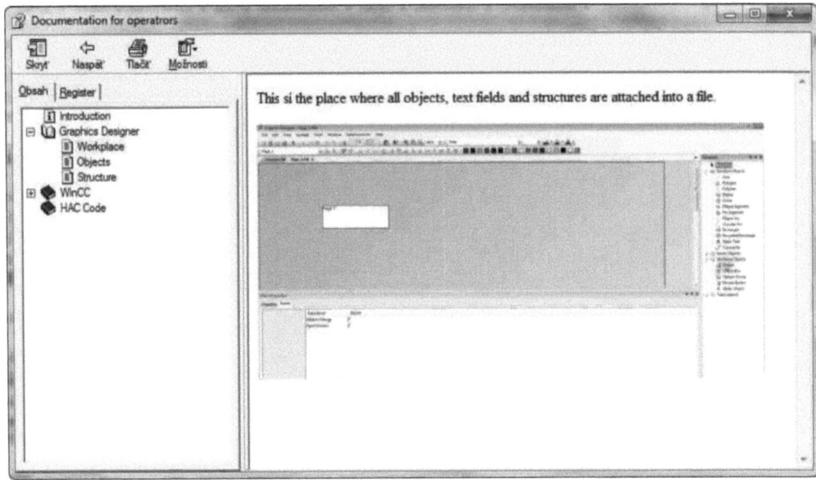

Figura 27: Documentação para os operadores

5.2 Avaliação do problema do permutador de calor

As nossas expectativas foram satisfeitas e, ao alterar o limite inferior do aviso e ao definir a histerese para os permutadores de calor, eliminámos quase 60% dos relatórios de aviso e 95% dos relatórios de alarme.

A análise foi afetada pelo período de inverno e pela passagem de um sistema para outro. A mudança de sistema pode causar uma contagem incorrecta em Número de ocorrências desde a data de reposição, porque nesta coluna vimos números irreais. A contagem de eventos apresentou mais registos (950 431) desde a data de reposição a partir de 15.4.2014 7:09 do que o número de registos num intervalo de 1 ano (420 104) a partir de 31.1.2014. Isto aconteceu provavelmente devido à mudança de sistema. Ao repor os contadores num novo sistema, esses números já não devem ser irreais. Após alguns meses, obteve resultados verdadeiramente satisfatórios com números reais.

5.3 Avaliação complexa

(1.3 Sistema SCADA, 1.3.1 ILTIS-PCS)

Complicações:

- O software não é especializado para fábricas de cimento
- O software está obsoleto

Soluções:

O software *S* Iltis foi substituído pelo novo software CEMAT com a biblioteca CEMAT especializada para fábricas de cimento, especialmente a versão para as fábricas de cimento Holcim.

S O software mais recente foi implementado no Win CC

(1.4 Fluxograma, 1.4.2 PLCs)

Complicações:

- Compatibilidade dos PLCs da ABB e da Siemens

Soluções:

J A maioria dos autómatos da ABB foi substituída por autómatos da Siemens e todos os autómatos serão substituídos por autómatos da Siemens no prazo de um ano

(1.5 TIS - Sistema de Informação Técnica)

Complicações:

- Os códigos HAC no TIS não são descodificados
- Falta de descrição de alguns eventos
- Motivo do evento em falta para alguns eventos

Soluções:

x O TIS não nos permite alterar os códigos HAC, pelo que esta questão não pôde ser resolvida

x A descrição do sistema SCADA da Iltis não pôde ser apresentada, principalmente devido a um tipo de configuração interna. Não encontrámos nenhuma solução específica.

x O motivo do evento do CEMAT não pôde ser mostrado devido à configuração do canal TIS do canal I/O para o servidor OPC. A atribuição automática não funciona, uma das soluções possíveis é reescrever manualmente todos os motivos de eventos, mas é demasiado ineficaz e moroso.

(1.5 TIS - Sistema de Informação Técnica, 1.5.2 Identificação de HAC)

Complicações:

- Os códigos HAC são difíceis
- As abreviaturas dos códigos estão em língua alemã

Soluções:

J Os códigos HAC foram implementados de forma mais intuitiva

J As abreviaturas dos códigos foram traduzidas e utilizadas principalmente na língua inglesa

(1.6 TIS Análise de relatórios de erros, 1.6.2 Eventos)

Complicações:

- Relatórios de erros

Soluções:

J 15 relatórios mais comuns foram eliminados ou a sua multiplicidade foi reduzida para um número mais aceitável

(1.7 CCR Sala de Controlo Central, 1.7.1 Processo de organização e resolução de falhas)

Complicações:

- Sala com espaço aberto, segurança do posto de trabalho
- Perturbação por parte de outros empregados, ausência de unidade de acesso rápido para engenheiros de processos
- Quantidade de monitores, pequenas unidades visuais

Soluções:

J Foi proposto um novo sistema de segurança que deverá ser aplicado no prazo de um semestre

× O espaço aberto continua a ser o mesmo

J O número de monitores foi reduzido, as pequenas unidades visuais foram eliminadas e a sala de controlo central foi equipada com novas unidades visuais de maiores dimensões

Resolvemos 8 das 12 complicações. Isto representa 67% de todas as questões, a maioria das quais envolvia sub-tarefas que também foram resolvidas ou rejeitadas, tais como as definições de histerese, a adição do SICLOCK TM ao PCS ou a implementação parcial do sistema de visualização CEMAT no Designer Gráfico (WinCC).

Referências

Ing. Dr. Hradsky J.: *Základy vyroby cementu,* 1955, Státní nakladatelství technické literatury, Praha, ISBN no, p. 208.

Alsop P. A., Chen H., Tseng H. H.: *Cement Plant Operations Handbook: for dry process plants,* 2007, Tradeship Publications, Dorking, ISBN 9780952479727 0952479729, p. 276.

doc. Ing. Maximilián Strémy, Doutoramento: *Úvod do programovatelnych Iogickych automatov,* 2011, Qintec s.r.o., Trnava, ISBN 9788096984695, p. 171

Documentos internos da empresa Holcim (Slovakia) a.s.

Holcim a.s. - fabricante e fornecedor de materiais de construção. [em linha] [cit. 02.02.2015] Disponível na Internet:

< http://www.holcim.sk/uploads/SK/CEM_1_52_5_N-qu-Apr_Jun_11_Eng_01.pdf >

Revista AT&P. [em linha] [cit. 02.02.2015] Disponível na Internet:

< http://www.kasr.elf.stuba.sk/predmety/dasr/viz/Studia_201001.pdf >

UM CET. [em linha] [cit. 14.02.2015] Disponível na Internet:

< http://www.atec-ltd.com/fileadmin/user_upload/news/A_TEC_CemInternat_ReduDust_GS_20120101 .pdf>

Iltis. [em linha] [cit. 17.02.2015] Disponível na Internet:

< http://www.ist.ch/en/Produkte/iltis/Allgemein.aspx >

Siemens. [em linha] [cit. 17.02.2015] Disponível na Internet

< https://support.industry.siemens.com/cs/#document/81554433?lc=en-WW >

PLC. [em linha] [cit. 07.03.2015] Disponível na Internet:
< http://speres.com/tag/national-electrical-manufacturing-association-nema-plc >

HID. [em linha] [cit. 22.02.2015] Disponível na Internet:
< http://www.hidglobal.com/press-releases/hid-global-and-vanderbilt-university-
>

Real-Time I.T.S. [em linha] [cit. 14.02.2015] Disponível na Internet
< http://www.realtime-its.com/images/real_game_its/pyramid.gif >

Siemens SICLOCK TM. [online] [cit. 08.05.2015] Disponível na Internet
< http://www.ad.siemens.com.cn/store/images/200791092946.png >

Alarmtel. [em linha] [cit. 09.05.2015] Disponível na Internet
<http://www.alarmtel.net/fotky10431/fotos/_vyrp11_21AA12C946EAC6B9FDF6E9 E1FF8D6143E4A61EF9A4.jpg >

Ingress Protection, [em linha] [cit. 12.05.2015] Disponível na Internet
< http://www.kopcek.eu/2008/nie-je-ip-ako-ip/#more-19 >

APM, [em linha] [cit. 16.05.2015] Disponível na Internet
< http://www.apm-solutions.com/Multi-Scanner-System-MVL >

ANT, [em linha] [cit. 16.05.2015] Disponível na Internet
< http://www.ant-automation.net/industrialstudioscada >

Printed by Books on Demand GmbH, Norderstedt / Germany